休闲研究系列·高等院校休闲与旅游专业规划教材

旅游社交媒体营销

LUYOU SHEJIAO MEITI YINGXIAO

主　编　刘　堂

副主编　涂高生　沈卫国　王　启

上海交通大学出版社
SHANGHAI JIAO TONG UNIVERSITY PRESS

内容提要

本书为旅游社交媒体课程教材,主要内容包括了微博微信营销、社群营销、直播营销等内容。对新媒体营销策略和旅游用户画像进行了较为系统的论述,具有系统性、实战性、通俗性、针对性等特点。

全书共分为 8 个模块,每个模块分为理论和实战两个部分,并以活页的形式进行装订,适合在校学生在校企合作单位进行实训时使用。

图书在版编目(CIP)数据

旅游社交媒体营销／刘堂主编. —上海:上海交通大学出版社,2021
ISBN 978－7－313－24756－8

Ⅰ.①旅… Ⅱ.①刘… Ⅲ.①旅游业—网络营销
Ⅳ.①F590.82

中国版本图书馆 CIP 数据核字(2021)第 024165 号

旅游社交媒体营销

LUYOU SHEJIAO MEITI YINGXIAO

主　　编:刘　堂	
出版发行:上海交通大学出版社	地　　址:上海市番禺路 951 号
邮政编码:200030	电　　话:021－64071208
印　　制:当纳利(上海)信息技术有限公司	经　　销:全国新华书店
开　　本:787 mm×1092 mm　1/16	印　　张:8.25
字　　数:198 千字	
版　　次:2021 年 5 月第 1 版	印　　次:2021 年 5 月第 1 次印刷
书　　号:ISBN 978－7－313－24756－8	
定　　价:68.00 元	

版权所有　侵权必究
告读者:如发现本书有印装质量问题请与印刷厂质量科联系
联系电话:021－31011198

序 言 一

对于中小型企业而言,社交媒体对其营销非常有利。社交媒体平台可以促进公司和顾客对品牌和产品的交流,增强企业及其产品的正面口碑和服务。在社交媒体渠道上共享的任何消息都可以在极短的时间内被成千上万的人看到。通过社交媒体做广告是社交媒体营销的最大优势。社交媒体网站为用户存储各种数据,例如年龄、性别、地理位置、兴趣和许多其他信息。这些数据可用于公司的目标受众,营销人员可以向最有可能注意到并点击的人直接营销。此外,社交网络可以提高产品和品牌的知名度、网站访问量、客户忠诚度,优化公司的搜索引擎,甚至可以提高新产品的成功率。社交媒体营销可以使用非常规手段来实现常规手段达不到的目的。

社交媒体的爆炸式增长令全世界沉浸其中,其优点逐步扩展到各个层面。社交媒体不再只是个人用户的一种交流工具,或者说生活方式,而更多地成为企业不可或缺的一项"资产"——一个24小时全年无休,并且有着巨大影响力的营销平台。社交媒体生产和传播各种信息和资讯,固定的传统媒体机构逐渐转移到普通人手里,社交媒体成为一种消除剂,它把传统的电视、广播、报纸、通信之间的边界消解掉了,而且把信息发布者和接受者之间的壁垒抹平,使产业和社群的边界消弭于无形。

为适应社交媒体时代的现状和趋势,促进校企合作和产教融合,上海旅游高等专科学校旅游管理专业联合天柱山风景名胜区管委会、上海自在旅游观光巴士有限公司和上海赛梦文化创意有限公司共同编写校企合作教材。学校将理论知识运用到企业实战,单周课堂教学,双周企业实训,线上线下混合教学,企业提供实训场所和企业任务。学校专业教师进行理论考核,企业产业导师指导学生实战演练,课程结束后,校企双方联合颁发课程合格证书。

本书内容囊括了微信营销、博客和微博营销、社群营销、短视频营销和直播营销等新媒体营销种类,对新媒体营销策略和旅游用户画像进行了较为系统的论述,具有系统性、实战型、通俗性、针对性等特点。每个模块分为理论知识和企业实战两块,理论部分由项目组成,企业实战以任务驱动,在校企合作单位进行实训,真正让学生全面掌握新媒体营销知识,并应用到实际工作当中。

全书共分8个模块:模块一为社交媒体概述(刘堂),主要是对社交媒体含义、社交革命和全球社交媒体用户现状进行基本的认识与了解;模块二为社交媒体营销战略战术(刘堂),讲述社交媒体营销的优势和误区,以及社交媒体营销的策略和技巧;模块三是社交媒体消费者画像(刘堂),讲述社交媒体用户特征及其对游客的影响,以及社交媒体评论对游客的影响;模块四是微信营销管理(李玉美),主要讲解公众号、社群、小程序和朋友圈营销技巧等;模块五是短视频营销,主要讲解抖音(刘堂)、快手(刘堂)和哔哩哔哩(李朵朵、高玲艳)营销;模块六是博客和微博营销(刘堂),重点讲解博客和微博营销策略技巧;模块七是网络社区营销,主要讲解百度贴吧(刘堂)、天涯论坛和知乎社区营销(谈佳洁、陈思源、杨超)策略;模块八是直播营销(刘堂),重点讲解直播营销策略。全书编写过程中,具有中、高级职称的教师联合本科生和专科生参与其中。企业简介和数据由企业提供,企业实战结合理论知识,由企业评估考核。涂高生、沈卫国和王启为全书编写提供多方面的支持和指导,在此一并感谢。

2020 年 9 月 1 日

序　言　二

在纷繁交错的互联网+时代,企业的成功早已不被"酒香不怕巷子深"这样古老的理念所左右。企业有了好的营销内容,不等于消费者会为此付费,也不等于广告商会纷至沓来。事实表明,内容再好,也需要运营和营销来提升它的价值。各类社交媒体成为人们彼此之间用来分享意见、见解、经验和观点的工具和平台。社交媒体在互联网的沃土上蓬勃发展,爆发出令人眩目的能量,其传播的信息已成为人们浏览互联网的重要内容。

企业与社交媒体变得如此的密不可分,以至于越来越多的企业正加入社交媒体营销的行列中来;企业渴望利用各种热门平台接触消费者并与之沟通,进而推广产品和塑造品牌。企业如何运用社交媒体,将数字化营销推向新的高度,是当前企业的一项重要任务。在全球社交媒体版图中,中国无疑站在潮流的前头。中国复杂的社交媒体版图,以及独特且庞大的用户群,都是企业制定社交媒体战略时必须考虑的因素。本书提出了企业应如何利用中国社交媒体来创造价值的各种理论和方法技巧。企业通过社交媒体可以不断审视中国的数字发展阶段及社交媒体版图,深入探讨中国消费者使用社交媒体的方式,以及各个细分用户群在使用行为和偏好上的区别。

天柱山旅游风景名胜区与上海旅游高等专科学校之间的校企合作由来已久。学校通过课程平台构建校景合作桥梁,成为产教融合的切入点和契机。学校为景区提供理论支持,输送学生实训和顶岗实习,景区为学校提供产学研基地和课程理论实践案例研究。社交媒体营销让学校与景区合作更加紧密融合。

天柱山风景名胜区管委会副主任

2020 年 8 月 26 日

序 言 三

当今社会,社交媒体已成为消费者用来查找产品和服务的最常用工具之一,是考虑购买产品和服务的重要信息来源。除了朋友和家人的意见,消费者将社交媒体上其他顾客的评价作为决策的第一信息来源。社交媒体上有大量关于使用过的产品和服务的信息反馈和分享。实际上,这些信息成为口碑,口碑被认为是最受信任的信息。因此,社交媒体在很大程度上影响了客户的购买决策。消费者认为社交媒体上的信息比公司自己的营销信息更为客观。

在商业领域,社交媒体营销已被企业广泛使用,因为它具有高性价比,是重要的营销解决方案。与其他促销工具相比,社交媒体营销在很大程度上是免费,且非常容易使用。使用社交媒体营销的主要目的是扩大口碑营销,进行市场研究,了解顾客想法,开展新产品开发,与顾客共同创新产品和服务,快捷服务客户,进行及时公关,以及与员工沟通和对声誉进行管理。

上海自在旅游观光巴士有限公司与上海旅游高等专科学校旅游管理专业(专科)进行校企合作以来,在不同领域深入展开。公司旗下"动吧 donbar"观光巴士与学校课堂相互切换,为社交媒体营销课程提供实践场所,理论和实践不断相互检验和证明。本课程成为校企开展合作的纽带,是"三教"改革的有益尝试。

上海自在旅游观光巴士有限公司总经理

2020 年 8 月 26 日

序 言 四

　　社交媒体的崛起是近些年来互联网的一个发展趋势,它极大地影响和改变了人们的生活,将我们带入了一个社交网络的时代。企业传统营销方式也发生了巨大变化,它们使用社交媒体创造企业的网络曝光量,增加社交平台和网站粉丝和流量,吸引更多业务合作伙伴,提升搜索引擎的自然排名,带来高质量的销售机会,减少整体营销预算投入,促进具体业务成交。企业的社交媒体营销团队利用大数据,不仅可以关注社交媒体上的用户,还可以了解用户的偏好,监控用户对于相关产品与服务的评价,实时发起与潜在用户的互动和在线调研,持续深化与潜在客户的关系,提高客户对企业产品与服务的兴趣,并且适时地开展社会化营销活动。

　　职业学校根据所设专业,积极开展校企合作,产教融合,其中教材开发是一项重要内容。"产教结合、校企一体"的办学模式,是当前职业学校开辟的一条新的发展之路。在职业教育的发展中,教材有着重要的地位,是"三教改革"的必要组成部分。好的教材对学生的学习能力和教师的教学能力的提高都能起到很好的作用,理论与实践相结合程度是评价具有职业教育特点的教材的重要标准。教材应在适应行业不断发展要求的背景下,不断改革创新。校企教材的编写工作需要各方的配合与支持,教师如何教授与学生如何学习校企教材是另一个重要的评价指标。校企教材的编写和教学都必须解决好理论与实践并重的问题。

　　职业院校应坚持知行合一、工学结合。本教材采用模块、项目和任务的形式,把理论和实操应用到校企合作单位。教材采用新型活页式,并配套开发信息化资源。这些都是有益的尝试。

上海市教育委员会职业教育处处级调研员

谢 俊

2020 年 9 月 18 日

目　录

模块一　社交媒体营销概述

学习目标

☆知识目标　了解社交媒体的定义、内涵和范畴；了解目前国内流行的主要社交媒体；了解社交媒体对社会生活和经济产生的影响。

☆技能目标　注册三种以上主要社交媒体并掌握其使用功能；了解三种以上社交媒体的特征、发布内容权限和规则。

理论知识

项目一　社交媒体含义

1. 社交媒体的特征

社交媒体是交互式的计算机介导技术，可促进信息、思想、职业兴趣和其他表达形式的创建和共享，它是人们彼此之间用来分享意见、见解、经验和观点的工具和平台。当前可用的各种独立和内置社交媒体服务为定义带来了挑战，但是这些社交媒体有一些共同的特征，具体如下。

（1）社交媒体是基于 Web 的交互式 Web 2.0 应用程序。用户生成的内容是社交媒体的命脉，例如文本帖子或评论、数码照片或视频以及通过所有在线交互生成的数据。

（2）用户为社交媒体组织设计和维护网站或应用，创建特定的配置文件和身份。

（3）社交媒体将用户的个人资料与其他个人或团体的个人资料联系起来，以此促进在线社交网络的发展。

（4）社交媒体的两大特点：首先是人数众多和自发传播；大批网民自发贡献、提取、创造新闻资讯，其次是传播的过程。如果缺乏这两点因素的任何一点就不会构成社交媒体的范畴。

2. 社交媒体的分类

目前比较流行的社交媒体形式，根据不同标准，分类如下。

（1）中国十大网络社交平台：微信、QQ、微博、QQ 空间、百度贴吧、知乎、抖音短视频、豆瓣、快手、虎扑社区。

（2）中国移动互联网中的十大 APP 分别是：微信、QQ、淘宝网、支付宝 ALIPAY、滴滴出行、美团、携程、腾讯手机管家、百度地图、腾讯视频。

（3）中国十大视频网站中的在线视频分别是：爱奇艺、腾讯视频、优酷、芒果 TV、哔哩哔哩、搜狐视频、央视网、乐视、PP 视频、咪咕视频。

（4）其他常见的社交媒体还包括微博、百度百科、维基百科、播客、论坛、社交网络、内容社区等。

微信

上榜理由：时下热门的聊天通讯软件,腾讯移动互联网应用领域的看家产品,主打熟人圈的社交媒体,其朋友圈/微信红包/公众号等成为人们日常生活的焦点

QQ

上榜理由：中国大陆即时通讯市场的王者,红色围巾的小企鹅为其典型标志,手机用户基本装有的交友软件,深圳市腾讯计算机系统有限公司

微博

上榜理由：曾用名新浪微博,国内较大的娱乐休闲生活服务信息分享和交流平台,媒体监控和跟踪突发消息的重要来源,北京微梦创科网络技术有限公司

QQ空间

上榜理由：腾讯公司于2005年开发出来的一个个性空间,具有博客(blog)的功能,常用的大型社交网络平台,分为主页/说说/日志/音乐盒/相册/个人档案等,深

百度贴吧

上榜理由：百度旗下独立品牌,全球较大中文社区,基于关键词的主题交流社区,众多网络流行用语的发源地,北京百度网讯科技有限公司

知乎

上榜理由：中文互联网高质量内容社区,国内知名网络问答社区,以高质量多样性著称,高成长社交媒体平台,北京智者天下科技有限公司

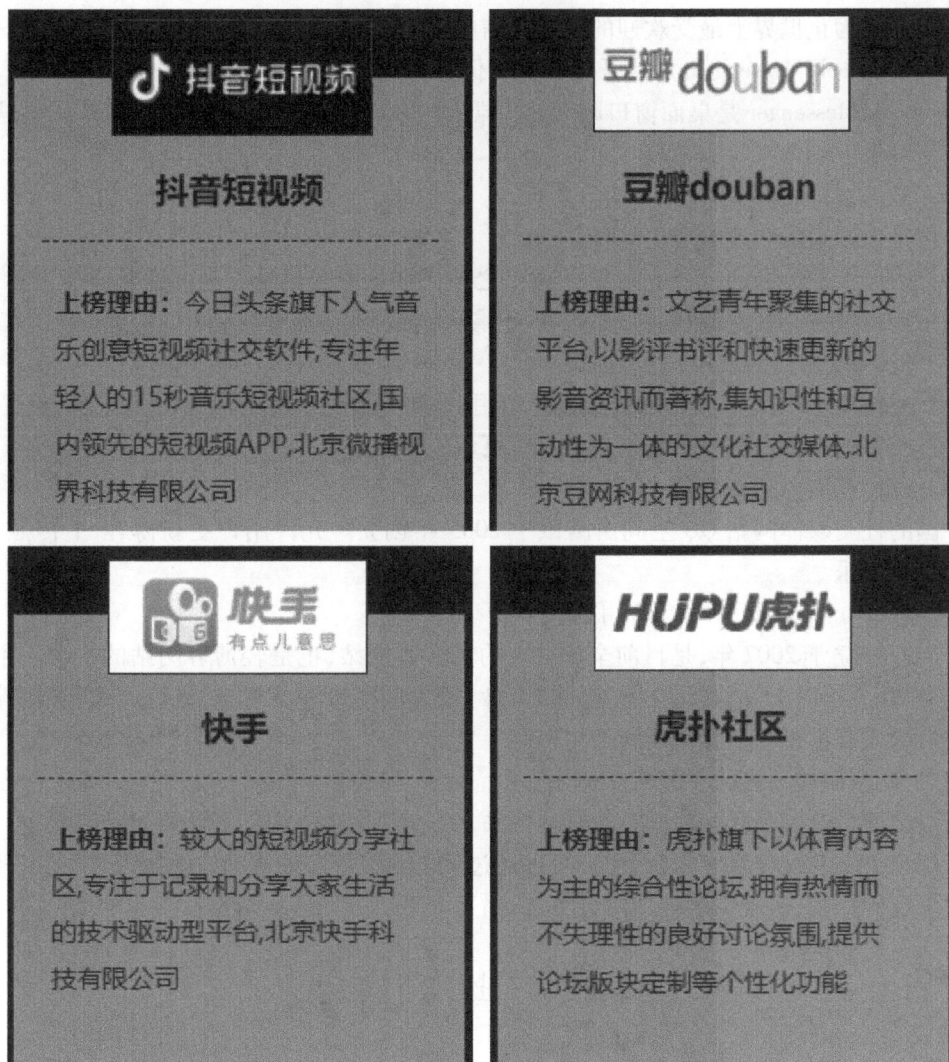

图 1.1 中国十大网络社交平台

(图片来源：https://www.cnpp.cn/china/list_4509.html，2020－05－20.)

3. 全球十大社交媒体平台

根据"南方财富网"统计，2019 年全球性社交平台排行榜如下：

（1）Facebook，月活跃用户：20.6 亿。

Facebook（中文称脸书，也可译为脸谱）是美国的一个社交网络服务网站，创立于 2004 年 2 月 4 日，总部位于美国加利福尼亚州门洛帕克。主要创始人是马克·扎克伯格（Mark Zuckerberg）。

（2）YouTube，月活跃用户：15 亿。

YouTube（中文称油管）是一个视频网站，早期公司位于加利福尼亚州的圣布鲁诺。注册于 2005 年 2 月 15 日，由美籍华人陈士骏等人创立，它能让用户下载、观看及分享影片或短片。

（3）WhatsApp，月活跃用户：13 亿。

WhatsApp（瓦次艾普）（WhatsApp Messenger）是一款目前可供智能手机之间通信的应用程

序。它是目前为止世界上最受欢迎的即时通信应用之一。

（4）Facebook Messenger，月活跃用户：12亿。

Facebook Messenger是桌面窗口聊天客户端，允许客户进行聊天、接收通知并从电脑桌面上阅读新鲜事。

（5）微信，月活跃用户：9.63亿。

微信是中国最受欢迎的通信APP。

（6）QQ，月活跃用户：8.5亿。除了微信之外，QQ是中国最受欢迎的即时通信工具之一。这款应用还提供在线社交游戏、音乐、购物、电影、语音聊天等服务。

（7）Instagram，月活跃用户：7亿。

Instagram是Facebook旗下的社交媒体应用，是欧美最受欢迎的社交媒体应用之一。作为一个分享照片的平台，它在2010年后推出了更多的功能。

（8）QQ空间，月活跃用户：6.06亿。

中国的社交媒体网站QQ空间由腾讯于2005年创立。允许用户更新博客、上传照片、观看视频或听音乐。

（9）Tumblr，月活跃用户：3.68亿。

Tumblr成立于2007年，是目前全球最大的轻博客网站，也是轻博客网站的始祖。雅虎公司董事会2013年以11亿美元收购Tumblr，该网站为那些想写博客、对流行文化、书籍等事物充满热情的人提供了一个发言场所。

（10）新浪微博，月活跃用户：3.61亿。

新浪微博是中国最受欢迎的社交媒体网站之一，该平台提供了类似Twitter的服务。微博是基于用户关系的社交媒体平台，用户可以通过PC、手机等多种移动终端接入，以文字、图片、视频等多媒体形式，实现信息的即时分享、传播互动。

项目二　社交革命

1. 数字革命对社会的影响

信息和通信技术在过去20年中发生了快速变化，其中一项重要的发展是社交媒体的出现。这种变化的步伐正在超出人们的想象。移动技术的发展在塑造社交媒体的影响方面发挥了重要作用。在全球范围内，移动设备占在线总时间的主导地位。这使我们可以随时随地通过任何设备在任何地方进行连接（如图1.2）。

纽约时报消费者洞察小组（New York Times Consumer Insight Group）的一项研究揭示了参与者在社交媒体上共享信息的动机。其中包括渴望向他人揭示有价值的娱乐内容；定义自己；发展和滋养关系，宣传品牌以及表述品牌喜欢或支持的原因。这些因素已对社会产生真正的影响，社交网络从一种与朋友和家人保持联系的方式转变为影响社会的方式。

社交媒体的使用方式正在塑造各国的政治、商业、文化、教育、职业和创新等等。

2. 数字革命对人类生活的影响

根据socialnormic.com公布的2019年数字革命统计数据，社交媒体在人类社会中掀起了无声的革命。

（1）在2020年，普通人希望与机器人进行的对话多于与配偶的对话；

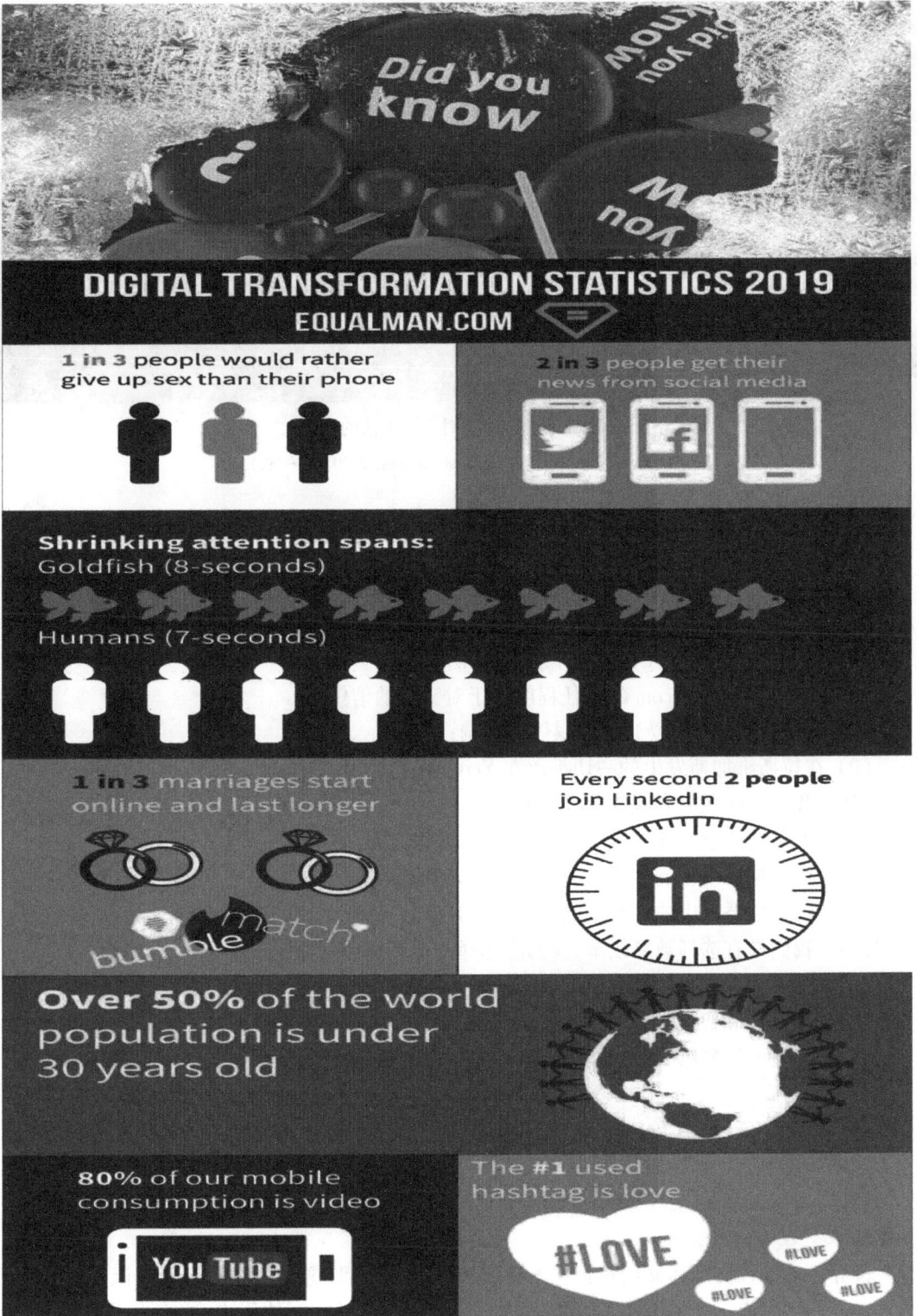

图 1.2　数字革命对社会的影响

（图片来源：https://socialnormic.com，2020-09-09.）

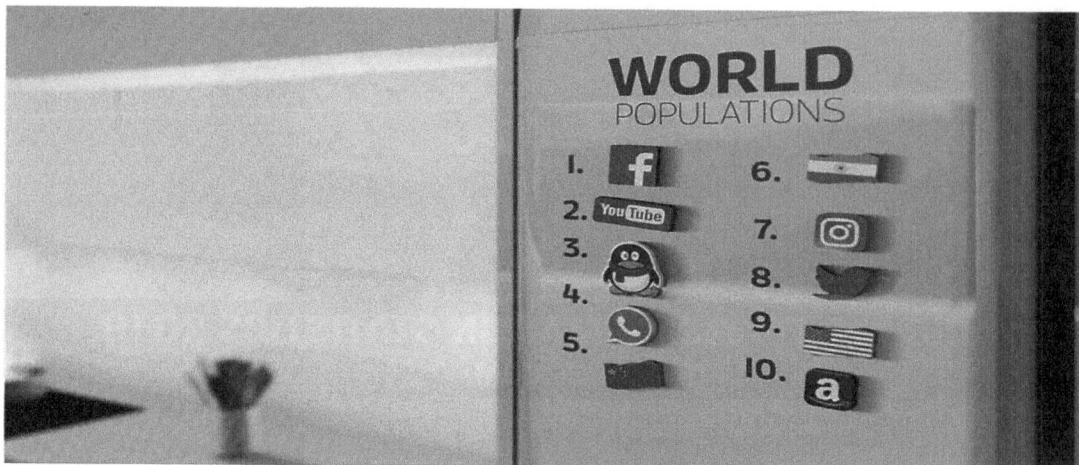

图 1.3　数字革命对人类生活的影响

（图片来源：https：// socialnormic.com，2020 - 09 - 09.）

（2）世界人口的 50% 以上年龄在 30 岁以下；

（3）今天的大学生从来没有舔过邮票；

（4）世界人口已经按照社交媒体注册量进行重新划分；

（5）每 3 个人中有 1 个人宁愿放弃性爱，也不愿放弃手机；

（6）三分之二的人从社交媒体中获取新闻；

（7）人们对 Amazon.com 的信任程度高于对银行的信任；

（8）93% 的购买行为受到社交媒体的影响；

（9）在拉斯维加斯发生的一切都留在 YouTube 上了；

（10）我们 80% 的移动消费是视频；

（11）人类的注意力在缩短：金鱼（8 秒），人类（7 秒）；

（12）拥有移动设备的人多于拥有牙刷的人；

（13）每 3 段婚姻中的 1 段婚姻是从线上开始的，并且维持的时间更长；

（14）我们没有选择数字改革，我们能选择的是如何做好数字改革；

（15）每秒钟有 2 个人加入领英；

（16）LinkedIn 现在允许青少年加入；

（17）网络上排名第一的被使用的标签是"爱"（love）。

项目三　全球社交媒体用户现状

根据 oberlo.com 网站博客，对社交媒体使用相关数据进行了统计：

1. 社交媒体使用数量

世界各地的社交媒体使用量正在不断增加。毫无疑问，这是用户参与的最流行的在线活动之一。2019 年的社交媒体统计数据显示，全球有 32 亿社交媒体用户，这相当于当前人口的 42%（Emarsys，2019）。并且这一数字还在不断增长（见图 1.4）。

社交媒体拥有如此高的使用率的原因之一是，用户的移动可能性正在不断提高，无论身在

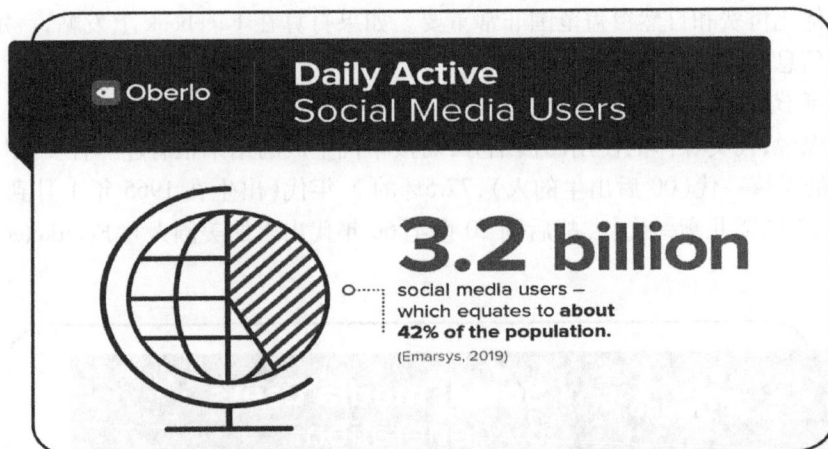

图 1.4　社交媒体用户数——2019 年全球统计数据

（图片来源：http：//oberlo.com，2020－08－07.）

何处,每天都可以更轻松地访问社交媒体。大多数社交媒体网络也可以作为移动应用程序使用,或者已经针对移动浏览进行了优化,从而使用户在旅途中更轻松地访问自己喜欢的网站。

2. Facebook 是最大的市场引领者

自 Facebook 成立以来,Facebook 一直在塑造社交媒体格局,并不断发展以满足用户的需求。Facebook 每月活跃用户超过 23.2 亿,仍然是使用最广泛的社交媒体平台。活跃用户是指过去 30 天内登录 Facebook 的用户。现在,约有 2 /3 的美国成年人（68%）报告他们是 Facebook 用户（Pewinternet,2018）。有趣的是,Facebook 还是有史以来第一个超过十亿活跃用户的社交网络,在 2012 年第三季度达到了这一里程碑（见图 1.5）。

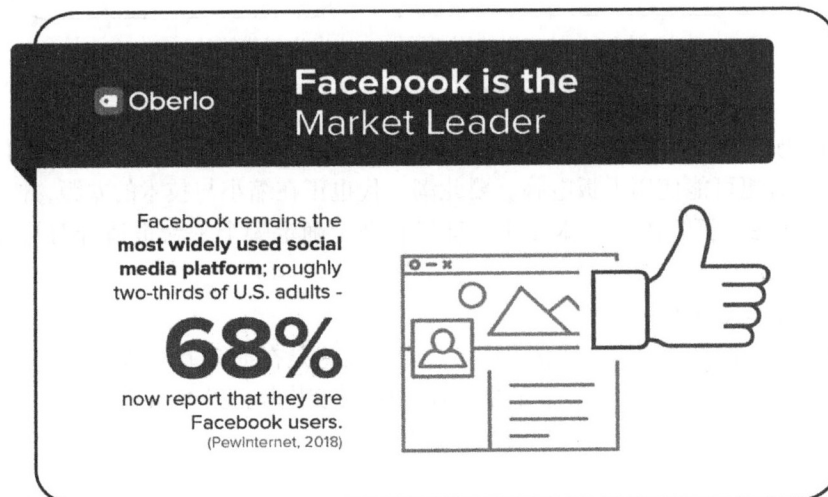

图 1.5　社交媒体用户数——美国成年人在 Facebook 用户的占比

（图片来源：http：//oberlo.com，2020－08－07.）

仅仅知道社交媒体统计信息还不够,我们还需要知道如何才能充分利用这些资源。根据全球影响力和活跃用户总数,Facebook 目前处于最大的社交网络服务地位,了解内容的潜在效果以及如何优化付费和自然覆盖范围非常重要。如果打算在 Facebook 上发帖,一定要了解其算法的最新信息,从而吸引到最佳受众。

3. 不同年代出生者的每日使用情况

至少可以说,社交媒体的使用已被细分,而按年代生成的结果很有趣。社交媒体的活跃用户为 90.4%的千禧一代(00 后出生的人),77.5%的 X 年代(出生在 1965 年 1 月到 1976 年 12 月间)和 48.2%的婴儿潮一代(二战后到 20 世纪 60 年代出生的美国人)(Emarketer,2019)(见图 1.6)。

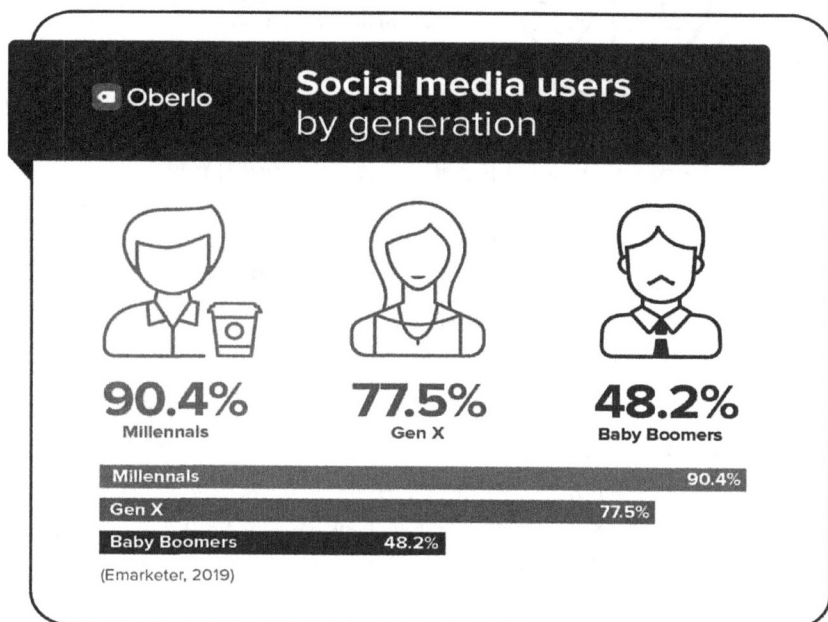

图 1.6 社交媒体用户数——按出生年代统计

(图片来源: http://oberlo.com, 2020 - 08 - 07.)

千禧一代仍然是社交媒体使用率最高的一代,也是最广泛使用智能手机的一代。另一方面,X 年代出生者更可能使用平板电脑。婴儿潮一代也正在缩小与技术的差距,并且对社交媒体平台越来越熟悉。了解社交媒体统计信息将有助于确定哪个平台最适合对目标市场进行营销。

4. 每天花在社交媒体上的时间

在当今时代,我们都逐渐成为社交媒体上瘾者。无论是在地铁上滚动的某个社交媒体图片或文字,还是在吃饭前在上面发布完美的早午餐照片,社交媒体都扮演重要角色。社交媒体统计数据显示,每人每天平均在社交网络和消息传递上花费 2 个小时 22 分钟(Globalwebindex,2018)(见图 1.7)。

随着社交媒体越来越融入我们的日常生活,它为企业带来无数机会,通过社交媒体营销吸引大量受众。

5. 社交媒体营销

品牌正在社交媒体营销的浪潮中乘风破浪。73%的营销人员认为,他们通过社交媒体营销所做的努力对其业务"有些有效"或"非常有效"。基于所有正确的原因,品牌正在继续将社

图 1.7　社交媒体用户数——按时间统计

（图片来源：oberlo.com.）

交媒体纳入其营销策略（见图 1.8）。无论是有影响力的营销还是故事广告，他们都在尝试。社交媒体允许品牌进行低成本效益的营销，与受众互动并建立品牌忠诚度。但是由于每个社交媒体平台对活动的衡量方式都不一样，因此很难衡量确切的社交媒体影响。

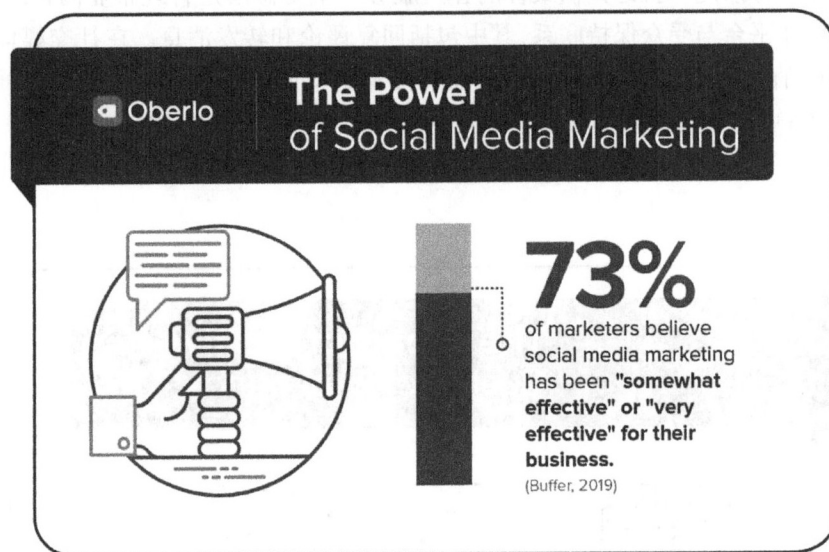

图 1.8　社交媒体用户数——营销者

（图片来源：oberlo.com.）

6. 大量消费者在使用社交媒体

社交媒体的影响力正在增长，而这里的统计数字恰恰表明了这一点。54%的社交浏览器使用社交媒体来研究产品（GlobalWebIndex，2018）。更多的买家正在加入社交媒体网络，并寻求评论和建议（见图 1.9）。因此，必须在各种社交媒体平台上拥有出色的在线形象。关键是找出目标市场最常使用哪个社交媒体平台，以及如何最大程度地利用它。

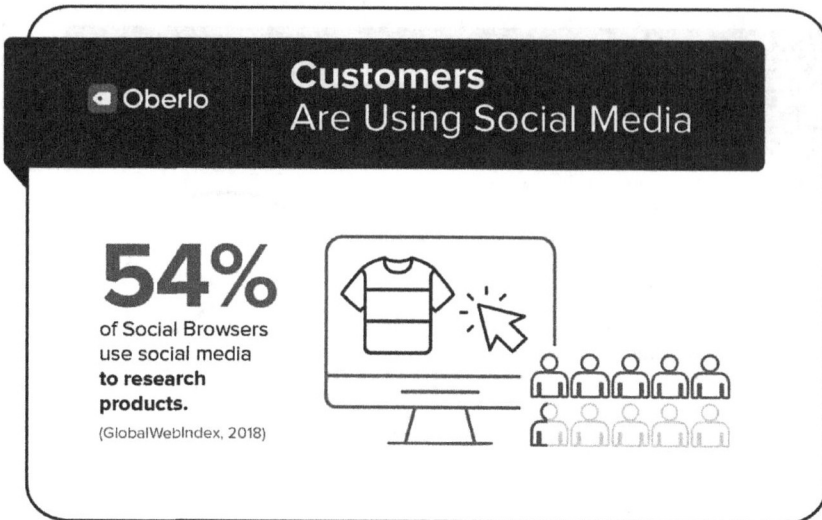

图 1.9　社交媒体用户数——消费者

（图片来源：oberlo.com.）

7. 顾客的良好体验将产生积极影响

顾客体验结果会产生多方面影响，社交媒体营销人员对此深信不疑。企业可以从社交媒体营销中受益的方法之一就是提供最佳的客户服务。主要做法是管理企业的在线状态，并确保通过社交媒体平台与受众保持联系，其中包括回复评论和转发消息。在社交媒体上拥有良好品牌体验的消费者中，有 71% 可能会将品牌推荐给他们的朋友和家人。通过社交媒体平台与客户互动，可以向他们表明企业和品牌关注用户感受（见图 1.10）。在与客户建立积极关系方面，这一步骤可能会走很长一段路。因此，企业不要忽略关注者和粉丝，并尝试及时与他们联系。

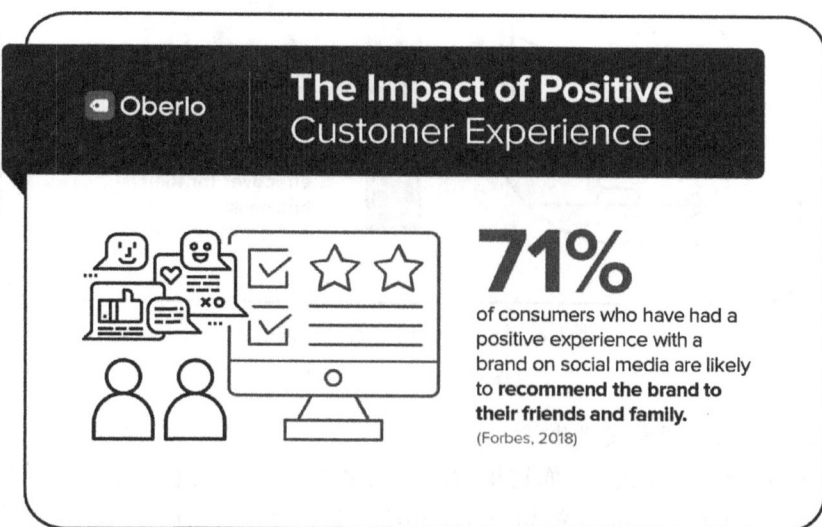

图 1.10　社交媒体用户数量——客户体验

（图片来源：oberlo.com.）

8. 意见领袖帮助建立品牌信任

有影响力的营销能起到非常重要的作用。品牌越来越多地转向社交媒体平台进行营销，这是有充分理由的。49%的消费者声称他们依靠社交媒体上的网红或博主建议来做出自己的购买决定（见图 1.11）。这意味着，如果消费者对有影响力人士的推荐充满信心，他们将更有可能购买该产品。社交媒体的统计数据清楚地表明，品牌能够借助舆论的力量来接触客户。

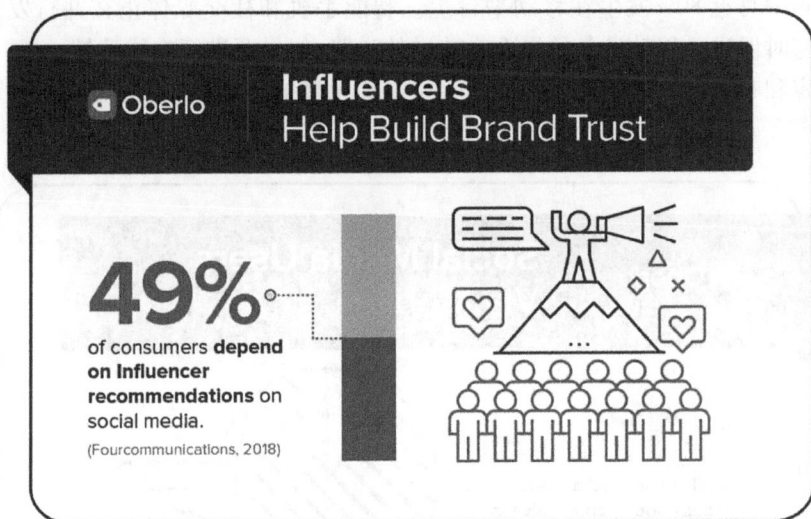

图 1.11　社交媒体用户数——品牌影响力

（图片来源：oberlo.com.）

9. 社交媒体里的桥段

故事在社交媒体上很重要。故事能让用户度过一天中的一段快乐时光。以下社交媒体统计数据向我们显示了 Instagram Stories 的每日活跃用户数量，该用户数量已从 2017 年 1 月的 1.5 亿增加到 2019 年 1 月的 5 亿（见图 1.12）。很多方法可以使社交媒体上的桥段具有吸引力，例

图 1.12　社交媒体用户数——每日活跃用户量

（图片来源：oberlo.com.）

如添加问题、民意调查和有趣的贴纸或音乐,使内容尽可能独特。这些桥段和故事使品牌提高了创作自由的可能性,并可能有助于其广告系列在受众群体中获得成功。

10. 手机是使用社交媒体的重要工具

能够跨社交媒体,并且方便手机浏览内容,这种需求正在迅速增长,并且有理由如此。所有社交媒体用户中有91%通过移动设备访问社交渠道(见图1.13)。同样,在社交媒体网站上花费的总时间中有近80%发生在移动平台上。智能手机和社交媒体正在并行发展,因此,公司品牌必须与时俱进。移动设备的界面是前进的道路,如果要进行在线营销,则需要针对移动设备优化内容和布局。人们随身携带智能手机。如果要方便用户,则必须牢记移动性和手机浏览。

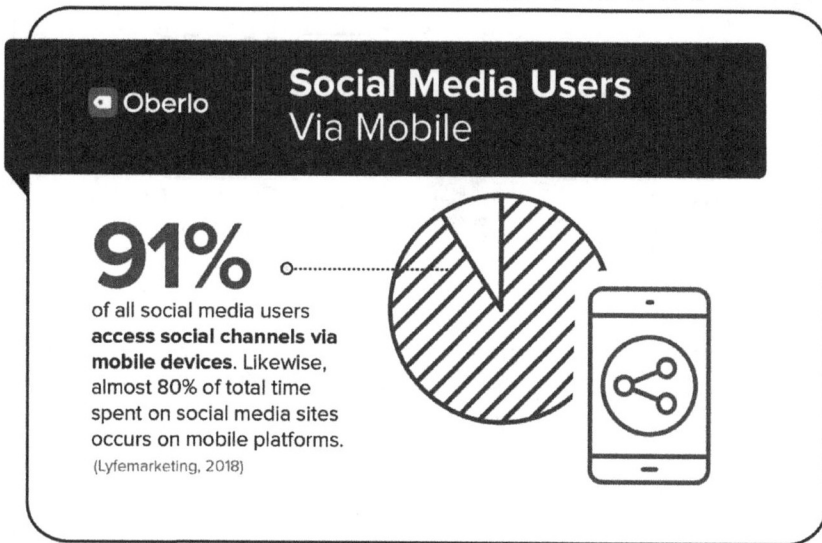

Oberlo

Social Media Users
Via Mobile

91%
of all social media users
access social channels via
mobile devices. Likewise,
almost 80% of total time
spent on social media sites
occurs on mobile platforms.
(Lyfemarketing, 2018)

图 1.13　社交媒体用户——移动设备访问量

(图片来源:oberlo.com.)

从这些社交媒体营销统计数据可以看出,不同的平台可以满足不同的目的。企业必须判断哪个社交媒体平台最有利于接触目标受众,这有助于制定社交媒体营销计划。使用这些社交媒体统计数据可以更好地洞悉社交媒体世界,以及如何使用这些工具最大限度地提高效益。

企业实战

任务一

了解并熟悉天柱山风景名胜区使用哪些社交媒体平台,以及这些平台的用户特征。

任务二

了解并熟悉上海赛梦文化创意有限公司使用哪些社交媒体平台,以及这些平台的用户特征。

任务三

了解并熟悉上海自在旅游观光巴士有限公司使用哪些社交媒体平台,以及这些平台的用户特征。

学习小结

模块二　社交媒体营销战略战术

学习目标

☆知识目标　了解社交媒体营销的十个优势；了解社交媒体营销的误区。

☆技能目标　掌握社交媒体营销策略；掌握社交媒体营销技巧。

理论知识

社交媒体营销就是利用社会化网络、在线社区、博客、百科或者其他互联网协作平台和媒体来传播和发布资讯，从而形成的营销、销售、公共关系处理和客户关系服务维护及开拓的一种方式。社交媒体营销利用各类编辑优化工具和应用，以文字、图片和视频的形式，通过自媒体平台或者组织媒体平台进行发布和传播。其特点是网络内容大多由用户自愿提供，而用户与站点不存在直接的雇佣关系。

项目一　社交媒体营销的优势

1. 有利于提高企业品牌知名度

社交媒体是用来组织内容和提高企业知名度的最具成本效益的数字营销方法之一。实施社交媒体策略将极大地提高企业的品牌知名度。企业在创建社交媒体资料后，开始与网民进行互动。让员工、业务合作伙伴和赞助商"喜欢"和"共享"企业的页面。让网民与企业的内容进行互动即可提高品牌知名度，并建立企业的声誉。共享的每个帖子都会被介绍到一个新的个人网络中，逐渐累积潜在客户，了解企业业务的人越多越好。根据 bluefoundtainmedia 网站统计，通过每周仅投资几个小时，超过 91% 的营销人员声称他们的社交营销工作大大增加了他们的曝光率。毫无疑问，只要拥有一个社交媒体页面，企业的品牌就会受益，并且通过定期更新，可以为企业赢得广泛的受众。

2. 能够有效降低企业的营销成本

社交网络营销的"一对多"和"多对多"的信息传递模式具有更强的曝光率和互动性，受到更多人群的关注。随着网民网络行为的日益成熟，用户更乐意主动获取所需信息和分享这些信息，社交网络营销传播的主要媒介是用户，主要方式是"众口相传"。因此与传统广告形式相比，可信度更高，成本更低，由于用户的参与性、分享性与互动性的特点，很容易加深对一个品牌和产品的认知，容易形成深刻的印象，从而形成理想的传播效果。

3. 有利于提高搜索引擎的排名

在社交媒体上发布内容可以为企业带来一些网站访问量，但要取得巨大成功，还需要付出更多的努力。搜索引擎优化对于获得更高的网页排名以及获得企业网站的流量非常重要。社交媒体并没有直接提高搜索引擎排名,但根据 bluefoundtainmedia 网站统计,社交媒体使用一年或更长时间,有超过58%的搜索引擎排名得到改善。在社交媒体中,如果能够将关键字排在首位,将彻底改变企业的访问量,并为企业的业务带来积极的结果。在中国,人们普遍使用百度查找信息,如果搜索的答案位于第一页,那么更容易被点击进入企业网站或相关社交媒体。如果企业网站不在搜索引擎结果的顶部,那么可能需要调整搜索引擎优化策略。为了给企业创造最好的搜索排名,社交媒体可以起到作用,使企业获得更好的排名,无须从百度那里进行商业化操作。社交媒体营销需要企业创建高质量的内容,并且整合目标关键字。博客、信息图表、案例研究、商业信息和员工照片等内容使企业的社交媒体资料吸人眼球,并提高关注度。一旦开始发布高质量的内容,企业可以建立一个社交媒体社区,关注者将在这里"喜欢"和"共享"内容。最重要的是,社交媒体为企业提供了更多机会与行业影响力人士见面,这些名人会转发有关企业业务,并提供相关链接,这一点将有助于直接提高搜索引擎排名。

4. 能够满足企业制定不同的营销策略

营销模式需要不断创新和发展,越来越多的企业尝试着在 SNS(social network site) 网站上开展营销,综合类的 SNS 网站有腾讯(以即时通信为基础的 SNS 平台),百度(以搜索为基础的 SNS 平台),阿里巴巴(以商务应用为基础的 SNS 平台),一起网(以开放式社会化网络结构为基础的 SNS 平台),开心网,人人网,72 人拜师网(以开放式社会化网络结构为基础的 SNS 平台)。无论是开展线上的活动产品植入,还是市场调研,以及病毒营销等,都可以在这里实现,因为 SNS 最大的特点就是可以充分展示人与人之间的互动,而这恰恰是一切营销的基础所在。

5. 有利于提高顾客的满意度

社交媒体是一个网络和交流的平台。通过这些平台为公司创建声音,这种人性化做法对公司很重要。客户在企业的页面上发表评论后,很高兴能收到个性化的答复,而不是自动的消息。企业能够回复每条评论,表明他们关注访客的需求,愿意为访客创造最佳体验。企业在社交媒体上的每次客户互动,都是向公众公开展示对客户关怀的机会。无论个人的问题,还是对产品服务的投诉,社交媒体都可以采用人机对话解决问题。企业真诚地回应客户的投诉,同样能收到其他用户的正面评价。

6. 能够真正满足网络用户需求

社交媒体营销模式的迅速发展恰恰符合了网络用户的真实需求,参与、分享和互动代表了网络用户的特点,也是符合网络营销发展的新趋势,没有任何一个媒体能够把人与人之间的关系拉得如此紧密。社交媒体用户的一篇日记,推荐的一个视频,参与的一个活动,新结识的朋友,都会让人们在第一时间及时地了解和关注到他们的动态,并与他们分享感受。因此,只有满足了网络用户需求的营销模式才能在网络营销中帮助企业发挥更大的作用。

7. 有利于提高企业品牌忠诚度

企业的主要目标之一就是建立忠实的客户群。由于客户满意度和品牌忠诚度通常是并存的,因此定期与消费者互动并与他们建立联系,这一点非常重要。社交媒体不仅能够介绍品牌的产品和促销活动,客户还将这些平台视为服务渠道,可以在平台上与企业直接进行沟通。00后一代是所有品牌中最忠实的客户。研究表明,这一部分客户对品牌的忠诚度高达62%。由于消费者需要与他们的品牌进行交流,因此企业必须实施社交媒体营销,以吸引最有影响力的消费者。

8. 能够实现针对目标用户的精准营销

社交网络营销中的用户通常都是注册用户,他们的数据相对来说都是较真实的,企业在开展网络营销的时候,可以很容易对目标受众按照年龄、职业、地域、收入状况等进行用户数据筛选,从而来选择哪些是自己的精准用户,有针对性地与这些用户进行互动和宣传。如果企业营销的经费不多,但又希望能够获得一个比较好的效果,就可以按照用户类型针对性地开展营销,从而实现目标用户的精准营销。

9. 有利于打造网络意见领袖

成为所在领域的专家和领导者的好方法是,在社交媒体上发布具有洞察力和精心编写的内容。为了使企业成为领头羊,请务必使用社交媒体平台并建立企业形象。保持沟通,与听众保持联系,共享内容并提升权威。当企业的社交媒体活动与其他营销活动保持一致时,企业的地位将得到突出显示,并且追随者将仰望。能够与客户直接建立联系,构建亲密的关系,从而帮助企业成为所在领域的重要影响者。

10. 能够吸引更多的潜在顾客,并进行转化

企业如果不策划社交媒体营销,则入站流量仅限于常规客户,另外,在企业老顾客搜索企业关键字时会进入竞争对手媒体。如果不将社交媒体用作营销策略的一部分,企业将很难与客户圈之外的任何人接触。营销组合中的每个社交媒体配置文件都是访问企业网站的门户,发布的每个内容都是获得新客户的一次机会。社交媒体是一个大熔炉,里面有不同背景和不同行为的人。不同的人会带来不同的需求和不同的思维方式。在尽可能多的平台上链接企业的内容,可以使这些人无意地联系到企业的业务。例如,60后消费者会在网站搜索引擎上使用特定的关键字搜索某企业的网站,但00后一代可以完全使用社交媒体平台,例如抖音,进行搜索,因为他们搜索商品的方式完全不同。通过在社交媒体上进行营销,企业可以有效地向全世界范围消费者开放业务。

除此之外,社交媒体可以推动企业信息透明化,提升产品质量,提供优秀的客服渠道,创造消费者真正需要的产品,消费者可自主控制社交关系,用户免费接触大型企业,大型企业可借助社交媒体提供有趣的资讯,用户主宰社交媒体内容和互动等等。

项目二　社交媒体营销的误区

1. 没有清晰的社交媒体营销战略

许多社会化媒体应用是免费的,因此社交媒体营销的直接成本非常低,但这项工作仍然需要时间的投入,而时间就是另一种经济成本。因此,建议企业要有正式的线上营销策略和计划,在这个过程中每一步都要有一个清晰的目标,以及定性和定量的衡量标准。

2. 视野受局限

社交媒体营销应该是持续的,而不是一时性的,因为社交的根本目的是去接触新的客户,但必须保留老顾客。失去老顾客,增加新顾客是没有意义的。每年都会出现新的社交平台。企业经常会把"过时的"社交平台放一边,而去拥抱流行的潮流。虽然社交媒体营销的大潮常有,但是也必须一直保持警醒和前瞻性。

3. 错失社交媒体品牌推广的最佳机会

大多数社交媒体网站有很多地方可以供企业主个性化自己的页面,包括公司网站链接、产品内容、联系方式等等,但许多企业白白地把那些地方留成空白。特别是举办各类论坛和产品发布会活动,举办单位要求写明公司简介和发展历程,或者以企业身份参与活动的。类似这样免费的品牌推广机会,一定要把握好机遇,每一次推广,都是与用户接触的机会。

4. 在社交媒体上不回复或者不及时回复

在出现公关危机时,尤其是出现负面评价时,让人等待很长时间会让事情变得更加糟糕。正确的做法是,定期维护社区账号,查看消息和文章列表。特别是对一些网友的回帖和评论要积极响应和互动。用户是企业和公司的上帝,必须伺候好,服务好用户才能够不断积累人气。

5. 媒介推送和内容不连贯,主题不突出

有了一个市场营销计划,每一篇在社交媒体上的帖子都应当事先策划,围绕中心展开,以避免不连贯现象出现。很多企业三天打鱼两天晒网,没有连贯系统的推广社区,用户需要一段时间的认知和关注才能够熟悉某一企业或品牌,并不是一两篇文章或帖子就能够大功告成的。在虚拟世界同样无法做到一夜成名和一夜暴富。

6. 推送内容错误百出

语法和拼写错误会让一个网页和媒介的内容看上去不专业。所有的社交媒体上发的帖子都应当做到看上去专业、可读性强、容易记忆、朗朗上口,即使社交媒体网站本质上是非正式和娱乐性的。营销人员在写作的时候,应当随时查看自己写的东西,让同伴核对,多次重复检查文章的流畅性和可读性。即便是三言两语,也不要让内容破坏了公司形象。社交媒体已经势不可挡,因为它们已经成了亿万用户趋之若鹜的平台。那些融入了社交网络平台的品牌更容易吸引新的顾客和被人们接受。

项目三　社交媒体营销的策略

社交媒体营销首先从发布内容开始,形式上可以是文字和照片,也可以是视频。企业在社交媒体上共享其内容,以产生访问其网站的流量,并希望产生销售。但是社交媒体已经远远超出了仅仅传播内容的范围。

如今,企业以多种不同方式使用社交媒体。例如,企业关注社交媒体评价,监视社交媒体对话和回复回评(社交媒体的聆听和参与)。如果企业想要了解其在社交媒体上的表现,可以使用分析工具(社交媒体分析)来分析其在社交媒体上的覆盖率、参与度和销售情况。如果企业想要大规模吸引特定受众群体,可以投放针对性强的社交媒体广告。总体而言,这些通常也称为社交媒体管理。社交媒体营销战略的五个核心支柱:

1. 制定切实可行的策略

在深入研究各类社交平台,准备在社交媒体上发布内容之前,第一步是考虑制定前瞻性的社交媒体策略。

企业的目标是什么? 社交媒体如何帮助实现业务目标? 一些企业使用社交媒体来提高其品牌知名度,其他企业则使用它来提高网站的流量和销售量。社交媒体还可以围绕品牌进行互动,创建社区并充当客户的支持渠道。

那么,企业应该关注哪些社交媒体平台? 除了上面提到的主要社交媒体平台外,还有一些较小的和新兴的平台,它们未来可能成长为大平台。刚开始时,最好选择一些目标受众所在的平台,而不是所有平台。

企业希望分享什么类型的内容？哪种类型的内容最能吸引目标受众？是图片、视频还是链接？它是教育还是娱乐的内容？一个很好的起点是创建营销角色，这将有利于回答这些问题。这并不一定要一劳永逸，营销人员随时可以根据自己的社交媒体帖子的表现来更改策略。为了帮助制定出色的社交媒体策略，以下是有关创建社交媒体策略和社交媒体营销计划的详细分步指南。

2. 规划与发布

首先是整体社交平台规划。小型企业的社交媒体营销通常是在社交媒体上保持存在感。通过出现在社交媒体平台上，企业可以为品牌提供机会，让未来客户发现它。

然后是将内容发布到社交媒体。可以在不同社交媒体平台上共享各个平台的文章，图像或视频。方法很简单，就像在个人微信朋友圈上分享的方式一样。但是需要提前计划内容，而不是自发创建和发布内容。另外，为了确保在社交媒体上的影响力最大化，需要掌握适当的时机和控制频率，发布受众喜欢的精彩内容。

现在有各种各样的社交媒体计划工具，例如 Buffer Publish，可以帮助在首选时间自动发布内容。这可以节省时间，也能最大限度地与受众互动。

3. 倾听与参与

随着企业和社交媒体关注度的增长，有关企业品牌的对话也将增加。人们会在企业相关的社交媒体帖子中发表评论，在其社交媒体帖子中为企业添加标签，或直接发送消息。

人们甚至可能在社交媒体上谈论企业的品牌而不让企业知道。因此，需要监视有关品牌的社交媒体对话。如果是正面评论，仍然要做出积极回应，感谢对方的正面评价；如果是负面评论，要认真解释，真诚道歉，适当补偿，把负面影响降到最低程度，不至于让事情变得更糟糕。

要了解这些情况，可以在所有社交媒体平台上手动检查所有通知，但这效率不高，并且不会看到没有标记公司社交媒体资料的帖子。营销人员可以改用某些社交媒体工具汇总所有社交媒体的消息，包括没有标记企业的帖子。

4. 分析

在此过程中，无论是发布内容还是在社交媒体上参与，都想知道自己的社交媒体营销表现如何。在社交媒体上吸引的人数比上个月多吗？一个月能收到几次正面评价？有多少人在其社交媒体帖子中使用了品牌的主题标签？

许多社交媒体平台本身提供此类信息的基本分类。要获取更深入的分析信息或在社交媒体平台之间轻松进行比较，可以使用各种可用的社交媒体分析工具，例如 Buffer Analyze。

5. 广告

如果企业有更多资金发展社交媒体营销，可以考虑的领域就是社交媒体广告。社交媒体广告可以使企业的关注对象比关注的受众更广泛。如今，社交媒体广告平台功能如此强大，大数据可以确切指定向特定群体展示广告。可以根据受众特征、兴趣、行为等来创建目标受众。

总而言之，制定社交媒体战略是为了刺激销售，提高品牌知名度，改善品牌形象，产生不同的平台点击量，将传统的营销成本重新定向到在线内容。相比之下，营销业务战略的目标有刺激、监控和分析消费者在社交媒体平台上的对话，知晓用户对品牌、产品和服务的感受和建议。因此，企业将更加了解其产品的发展轨迹，增强对主要目标的吸引力，并根据这些新收集的见解采取行动。但是，一个企业是否采取主动或被动的策略，要根据其行业、规模和社交媒体的特征来决定。

项目四　社交媒体营销的技巧

1. 企业与消费者的互动营销

社交媒体营销的核心是"分享和参与"。消费者通过社交媒体可以参与到产品的设计和生产，并分享产品的信息和观点，这与以往传统营销中"自上而下"的理念截然不同。社交媒体强调从底层到顶层的"自下而上"品牌推广。企业进入到社交媒体营销中后，通过与消费者的交流和互动，逐渐与消费者建立某种情感联系。如果能赢得消费者的情感认同，赢得市场将指日可待。

互联网时代的消费者早已不满足于购买完商品就结束，他们更愿意通过社交媒体与商家以及其他消费者共同完成所购商品的过程。消费者自愿点评转发产品，商家也欢迎消费者在购买后对商品进行评估和分享，将优秀的测评报告放到首页，甚至用购物券和红包奖励消费者评价，消费者可以使用文字，也可以使用图片和视频。这样，既满足了消费者分享的目的，又提升了商品的品牌形象和认可度。

2. 口口相传营销

在社交媒体时代，网络口碑直接影响消费者的购买决策过程，在媒体营销中扮演着越来越重要的角色。消费者首先浏览以往消费者对于该商品的评价，熟悉其他用户的感受和经验，从而最大限度地减少购买风险。通过了解品牌在社交媒体上的口碑，消费者很容易强化或者改变原有对该品牌的态度。

企业口碑的形成是消费者群体自发打造和传播的，因此可信度更高。但是仍然需要企业有意识地去维护来之不易的口碑，特别是处理好某些消费者的负面评价，做出积极的回应和解释。发达的社交网络可以轻而易举地让某个产品和品牌一夜爆红，也可以让其口碑毁于一旦。

3. 内容为王的营销手段

社交媒体所承载的内容与形式越来越丰富多样，从文字、图片到视频以及它们的组合，只要是人们能想到的信息，几乎都能以简短而快捷的形式进行传播。快节奏的生活和发达的移动通信设备导致用户的注意力时间越来越短，获取的信息量也越来越大。因此，社交媒体营销更需要重视传播的内容和形式的设计和策划，核心要素是简洁明了，一语中的，便于记忆，朗朗上口。通过内容营销，众多品牌取得了意想不到的营销效果，为品牌带来了极好的网络口碑。

4. 社交媒体的情感营销

无论是传统营销还是社交媒体营销，最高境界是不仅要把产品卖到消费者的手中，更要把产品卖到消费者心中。从"让你喜欢"到"我就喜欢"，人的大脑不仅仅有理智的部分，有时总是倾向于情感，尤其是女性消费者。在互联网+时代，情感和情绪更是主导消费者购买行为的统帅，产品的质量已经不再是取胜的唯一因素。利用情感成为营销人员的终极利器。在社交媒体时代的大变革中，与消费者建立深厚的情感，营销才能取得长足的发展。

营销的过程被认为是和消费者谈恋爱的过程。品牌的作用之一就是让消费者爱上产品和服务，而情感营销不仅会创造出一个个好的品牌，让消费者爱上你的品牌，更会为企业带来源源不断的客户和财富。

5. 流量和粉丝营销

在社交媒体时代，留住粉丝比吸引粉丝和增加流量更重要，难度也更大。通过保持与用户的互动可以提升粉丝黏性。广义上的互动就是和客户产生联系和交易,交易本身就是一种高质量的互动。当然与用户保持互动的形式还包括内容推送、线上与线下的活动、建立品牌社群社区,并让粉丝通过参与获得良好的品牌体验。大部分情况下,利用社交平台的优势,并结合热点和事件,能够起到事半功倍的作用。例如,把微信公众号的内容结合热点,可以有效吸引粉丝打开阅读。

另外,互动性还要迎合互联网时代的阅读习惯。在互联网时代,人们的时间更加宝贵,注意力更加短暂,人们更希望利用碎片化时间来阅读。随着生活节奏的加快,人们普遍感受到较大的生活压力,在这样的背景下,内容输入一定要针对粉丝的具体情况投其所好。

6. 事件和热点营销

社交媒体通常是事件和热点的发源地,可以对任何类型的事件发挥重要作用。无论是线下展会还是网络研讨会,社交媒体都可以帮助企业达到多样性的目标。结合最新的社交媒体营销数据和知识,开展社交媒体营销,可以给企业带来巨大的收益。伴随着社交媒体营销的深入发展,事件营销逐渐成为企业社交媒体营销的一种新策略。对于企业来说,无论是线下还是线上活动,都可以运用正确的规划和操作,使之成为一个成功的事件营销。

运用社交媒体平台要多样化,例如:博客、微信、抖音和社区论坛,可以吸引客户了解企业产品,拉动销售,提升公司及其品牌人气,让更多的人谈论公司和产品。在这里至关重要的一点是,整体事件的社交媒体营销策略不是停留在技术层面,而是建立良好客户关系,即通过社交平台拉近人与人的距离,拉近企业与客户的距离。

7. 价值观营销

营销 1.0 时代以产品为核心,营销 2.0 时代以消费者为核心。现在,营销 3.0 时代以价值驱动为核心。每个时代的核心不同,社交媒体营销的核心也要随之转移。消费者所购买的产品和服务不仅要满足基本需要,更希望发现一种可以触及内心的体验和商业模式。为消费者提供意义感和存在感将成为企业未来营销活动的价值核心。价值驱动型商业模式将成为营销3.0 时代的制胜之道。

8. 名人效应营销

名人效应是指名人的出现所达成的引人注意、强化事物、扩大影响的效应,或人们模仿名人产生心理现象的统称。现实世界的名人效应在社交媒体上同样起到作用。微博上的名人效应是指通过名人转发或发表评论产生的一系列连锁反应。博主、微博主或网红都可以成为网络名人,他们可以轻松影响一大批潜在的消费者,这些名人成为意见领袖。因此,与意见领袖保持良好关系极其重要。网民在社交媒体上都有自己的"圈子"和"朋友",每个"朋友"在口碑传播上,都有着不可小视的积极或消极作用。在社交媒体时代,意见领袖的号召力越来越大。

企业实战

任务一

制定天柱山风景名胜区社交媒体营销策略和营销技巧(字数1 000字)。

任务二

制定上海赛梦文化创意有限公司社交媒体营销策略和营销技巧(字数1 000字)。

任务三

制定上海自在旅游观光巴士有限公司社交媒体营销策略和营销技巧(字数1 000字)。

学习小结

_____

_____

_____

_____

_____

_____

_____

_____

_____

_____

_____

_____

_____

_____

_____

模块三　社交媒体消费者画像

学习目标

☆知识目标　了解社交媒体用户特征；了解社交媒体对游客的影响；了解社交媒体评论对游客的影响。

☆技能目标　设计社交媒体用户调查问卷；分析某公司社交媒体用户画像。

理论知识

项目一　社交媒体用户特征

人们每天在社交媒体上花多少时间？社交媒体用户的行为如何在发生变化？哪个社交平台最热门，哪个社交媒体平台在快速发展（在线总数中人口和主要受众）？消费者如何使用社交媒体与品牌互动？社交媒体营销如何发展？企业不仅要了解本国社交媒体用户发生的变化，同时也要具有国际视野，了解全球性社交媒体用户特征，如果这些问题再具体结合企业运营进行营销，这将具有更重要的商业价值。

根据 globalwebindex 公司数据显示，2019 年第一季度与 2018 年同期相比，在 45 个市场中的 20 个市场中，人们花在社交媒体上的时间在减少或保持不变。这可能是许多互联网发展的现状，用户对花在屏幕上的时间有了更好的了解和掌控，"数字健康"类工具大量涌现，定期监控和提醒用户屏幕使用时间。

以图像和视频为中心的平台不断出现，如 Snapchat 和 Instagram，这两个社交媒体工具都是发展较快的平台。因为它们给用户提供机会重新建立自己的网络，挑选最适合自己的人轻松共享内容。

在西方，Instagram 和 Pinterest 这样的专业社交平台最适合各类商业营销，并且无缝地融合了购买过程的不同阶段。这些平台培育并推动了社交领域商业活动，视频可以更好地链接线上线下购物活动。

在 2018 年，几乎所有人的视频通话数量都增加了，包括学生以及专业人士。所有年龄段的人都在增加他们的视频通话次数，但是 Z 年代出生的人在观望，因为他们可以定义趋势发展。社交媒体 Houseparty 和 Squad 揭示了社交媒体可能发展的新领域，娱乐和交流在虚拟环境中更加紧密地联系在一起（见图 3.1）。

毋庸置疑，Z 年代已经来临，3.78 亿人口，27% 的中国人口被 Z 年代的人群占据，其中有些人已经走进社会，开始上班。在我们眼中的他们和他们眼中的我们完全不一样。据统计，到了2019 年，约有 3 000 万 Z 年代出生的人将投入到社会工作。相对于 Y 时代，Z 年代更具有自己的时代特性，他们的标签是个性真我、孤而不独、娱乐至上。

图 3.1　社交媒体用户特征分析

（图片来源：mob 研究院）

1. 社交媒体用户在屏幕上使用的时间

全球互联网用户中十分之六的人说他们处在在线连接状态。社交媒体行业在过去 2~3 年里已经开始面临挑战。社交媒体对青年的影响被持续地起诉并成为丑闻。关于内容应如何审核以及平台承担多少责任，此类话题不断发酵。Google 的数字健康功能帮助用户分析屏幕使用情况。安卓和苹果用户可以设置应用时间限制，以免花费过多不必要的时间，还可以设置只能在一个特定的应用中使用。Google Pixel 手机所有者可以使用向下滚动功能以减少屏幕的蓝光。苹果提供与其类似的功能，如 iOS12 中的"屏幕时间"功能，Facebook（"您在 Facebook 上的时间"）和 Instagram（"您的活动"）也是如此。

Daily Time Spent on Social Media

Average h:mm spent engaging with/connected to social networks during a typical day

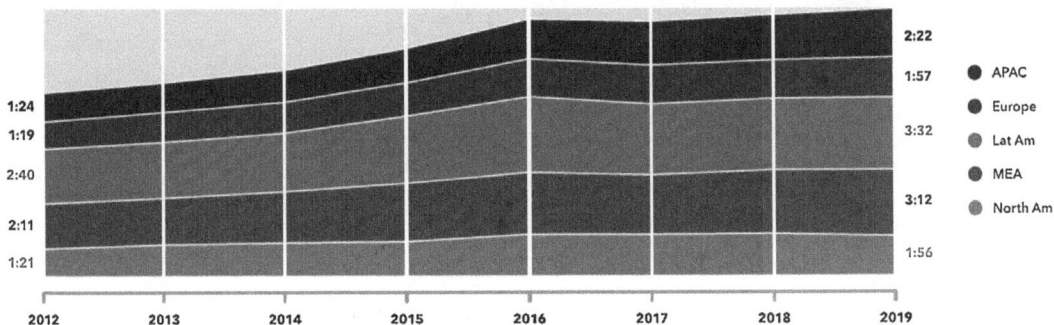

图 3.2　每日花在社交媒体上的时间

（资料来源：http：//www. GlobalWebIndex.com/reports/trends－19，2020－08－13.）

数据显示，98%的消费者使用了社交媒体网络；成为互联网用户意味着成为社交媒体用户。在全球范围内，数字消费者现在平均花费 2 个小时，每天 23 分钟花在社交网络和消息传递上。这里的趋势数据表明，我们可能正在接近社交媒体消费饱和。企业的社交媒体营销战略必须考虑到这些现象和趋势,从而做出相应的调整。

全球范围内,用户平均每天花在社交网络和信息传送上的时间是 2 小时 16 分,16~24 岁的人中有 72%的人说他们在使用社交媒体的同时在看电视。智能手机成为数字生活中的核心。

年轻的群体最热衷于社交媒体,而快速增长的互联网人口往往比大多数成熟市场更年轻。因此,每天花在社交媒体上的时间在不同各国之间的差距非常大,菲律宾平均花费 4 小时,而在一些欧洲国家只有 1 小时 15 分钟左右。英国、罗马尼亚、葡萄牙和爱尔兰居民每天花费在社交媒体上的时间超过 3 小时。但欧洲参与度最高的是俄罗斯,这里的 16~24 岁年轻人通常每人每天在社交媒体上花费 4 个小时以上。俄罗斯自己独特的社交生态系统平台在这里可能是主导原因,尤其是 Vkontakte(VK)平台,通过其电视、音乐和支付服务,更有效地渗透到用户的日常生活中,类似于中国的微信。尽管西方社交媒体平台在俄罗斯有业务,但本地网络 VK 和 Odnoklassniki 拥有比 Facebook 和 Instagram 高得多的数字会员资格和每月访问量。因此,有俄罗斯市场的企业应该关注此类社交媒体的营销,如天柱山风景区的俄罗斯村。

Time Spent by Market

Daily Time Spent on Social Media
Average h:mm spent engaging with/connected to social networks during a typical day

	2012	2013	2014	2015	2016	2017	2018	2019			2012	2013	2014	2015	2016	2017	2018	2019
Philippines	2:49	3:06	3:25	3:41	4:07	4:00	4:08	**4:01**		Singapore	1:12	1:29	1:36	1:38	1:58	2:07	2:11	**2:10**
Brazil	2:41	2:40	2:50	3:18	3:45	3:40	3:39	**3:45**		USA	1:22	1:34	1:40	1:43	2:04	2:02	2:05	**1:57**
Colombia	-	-	-	-	-	-	3:34	**2:36**		Hong Kong	1:34	1:26	1:27	1:29	1:39	2:00	1:53	**1:52**
Nigeria	-	-	-	-	-	3:03	3:26	**3:36**		Ireland	-	1:24	1:11	1:22	1:38	1:45	1:55	**1:51**
Argentina	2:42	2:49	2:50	3:13	3:31	3:12	3:17	**3:27**		Sweden	1:13	1:13	1:22	1:33	1:37	1:54	1:49	**1:51**
Indonesia	2:12	2:21	2:26	2:50	3:02	3:26	3:23	**3:15**		Taiwan	1:28	1:30	1:41	1:50	2:03	2:06	1:52	**1:51**
UAE	2:21	2:29	2:48	3:01	3:24	2:56	3:00	**3:11**		UK	1:11	1:14	1:19	1:29	1:42	1:54	1:51	**1:50**
Mexico	2:35	2:50	2:53	3:14	3:33	3:11	3:14	**3:10**		Canada	1:12	1:29	1:29	1:27	1:41	1:48	1:47	**1:49**
South Africa	1:58	2:07	2:16	2:42	2:50	2:47	2:58	**3:10**		Poland	1:02	1:12	1:13	1:17	1:42	1:42	1:45	**1:47**
Egypt	-	-	-	3:17	3:06	3:05	3:06	**3:06**		Italy	1:33	1:49	1:47	1:58	2:02	1:53	1:48	**1:46**
Kenya	-	-	-	-	2:50	2:59	3:06		Australia	1:15	1:13	1:11	1:10	1:36	1:39	1:34	**1:43**
Saudi Arabia	2:23	2:18	2:35	2:55	2:56	2:38	2:52	**3:06**		New Zealand	-	-	-	-	1:43	1:49	1:42	**1:43**
Turkey	1:56	2:17	2:25	2:34	2:57	2:49	2:52	**3:05**		Spain	1:30	1:30	1:26	1:38	1:43	1:38	1:41	**1:43**
Ghana	-	-	-	-	2:59	3:09	**3:03**		Denmark	-	-	-	-	-	-	1:35	**1:33**
Malaysia	2:39	2:53	2:48	2:59	3:18	3:13	3:03	**3:01**		France	1:01	1:05	1:11	1:17	1:23	1:24	1:22	**1:28**
Thailand	1:59	2:34	2:41	2:49	2:46	3:06	3:14	**2:51**		Belgium	-	-	-	1:15	1:33	1:31	1:31	**1:24**
Romania	-	-	-	-	-	-	2:34	**2:28**		South Korea	0:47	0:47	0:58	1:05	1:04	1:11	1:11	**1:20**
Russia	1:40	1:46	1:49	1:52	2:17	2:20	2:21	**2:28**		Netherlands	0:56	0:59	1:02	1:10	1:16	1:24	1:17	**1:18**
India	1:44	1:57	2:03	2:15	2:30	2:25	2:28	**2:25**		Switzerland	-	-	-	-	-	1:18	1:19	**1:18**
Morocco	-	-	-	-	2:22	2:34	**2:23**		Austria	-	-	-	-	-	1:16	1:15	**1:17**
Vietnam	1:47	1:57	2:07	2:16	2:34	2:36	2:33	**2:23**		Germany	0:58	1:04	1:04	1:08	1:30	1:13	1:08	**1:15**
China	1:19	1:17	1:24	1:27	1:45	1:58	2:00	**2:19**		Japan	0:23	0:18	0:17	0:20	0:33	0:46	0:40	**0:45**
Portugal	-	-	-	1:54	2:13	2:12	2:12	**2:18**										

图 3.3　不同市场上社交媒体花费的时间

(资料来源:http://www.GlobalWebIndex.com/reports/trends-19, 2020-08-13.)

2. 社交媒体饱和

社交媒体用户乐于保持在线状态,并跨多个平台;而普通的互联网用户在 2013 年有大约 4 个社交媒体账户,现在这个数字升至 8.1。这种多网络化是社交媒体不断发展的结果,但这也是因为平台走向专业化,一些用户转向特定平台来执行某些类型的网络行为,例如 Twitch

或 Pinterest。人们花在社交媒体上的时间开始趋于稳定,在线消费者拥有账户的平台似乎已接近最大化。2017 年,每个互联网用户的社交媒体账户数量没有明显增长,并且这种趋势持续到 2019 年。

表 3.1 不同年代出生的人花费在社交媒体上的时间

随着时间的推移	2013年	2014年	2015年	2016年	2017年	2018年	2019年
全球平均	4.3	4.8	6.3	7.6	8.0	8.6	8.5
Z世代	4.4	4.8	6.9	8.0	9.0	9.7	9.0
千禧一代	5.1	5.7	7.4	8.9	9.3	9.7	9.1
X世代	4.0	4.3	5.6	6.8	6.9	7.1	7.0
婴儿潮	2.6	2.8	3.5	4.3	5.0	5.1	5.0

(资料来源:http://www. GlobalWebIndex.com/reports/trends-19, 2020-08-13.)

有很多因素影响了这一平稳期,包括年长消费者不太可能使用多网络,并且在某些关键平台上用户增长停滞不前。在非洲市场,数据包往往受到限制,或者数据计划倾向于补贴某些平台上的数据使用。但是,最重要的趋势是移动互联网用户只选择最好的社交媒体平台。

虽然在发达经济体中,社交媒体的使用通常在许多网站中处于平稳状态,但在新兴国家中,社交媒体用户更倾向于使用多平台,例如,印度尼西亚、印度和埃及,这些国家最热衷于拥有多样化的社交媒体。

3. 黑暗社交(Dark Social)

创立于 2012 年的"黑暗社交"是指几乎无法追踪的网络流量,主要来自互联网用户相互之间直接和私密共享内容,而不是公开发布或共享。通常需要放置在私人消息传递应用程序和电子邮件上,这意味着品牌可能忽略了社交分享的很大一部分。英国和美国的 38% 的用户在分享内容时,使用私人消息传递应用程序。黑暗社交迅速成为品牌不能忽视的主要营销渠道。应对黑暗社交挑战的方法是创造更多相关可共享的内容,鼓励与朋友和家庭分享,使用"共享按钮"。在这种情况下,最重要的是尊重用户的隐私,这是任何营销策略或活动的重要内容。

The Reach of Dark Social

% who say they typically share information or content with peers on the following channels

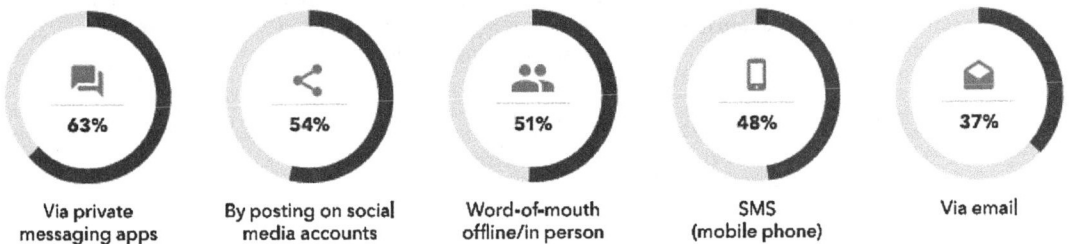

63%	54%	51%	48%	37%
Via private messaging apps	By posting on social media accounts	Word-of-mouth offline/in person	SMS (mobile phone)	Via email

图 3.4 黑暗社交平台

(资料来源:http://www. GlobalWebIndex.com/reports/trends-19, 2020-08-13.)

4. 社交媒体使用动机

在用户生活中,社交媒体扮演的角色得到了迅速发展。数字消费者现在更有可能说他们使用社交是为了关注新闻(40%),而不是为与朋友保持联系(39%)。娱乐在激励数字消费者方面也起着关键作用,成为排名第三的社交媒体使用动机(38%),并显示出最高的增长速度。社交平台向以娱乐为中心的方向发展。从最纯粹的意义上讲,它不再是"社交"活动,而是更有针对性的活动,尤其是围绕内容的消费。过去几年,快速增长的内容消费有新闻消费、娱乐消费、研究产品、观看体育比赛等。这就是为什么国内重要电台和主持人都进驻到了各类社交网络平台。

"发现有趣或娱乐内容"(占 47%)是 16～24 岁的观众最有可能使用社交内容的主要原

Motivations for Using Social Media

% who say the following are among their main reasons for using social media

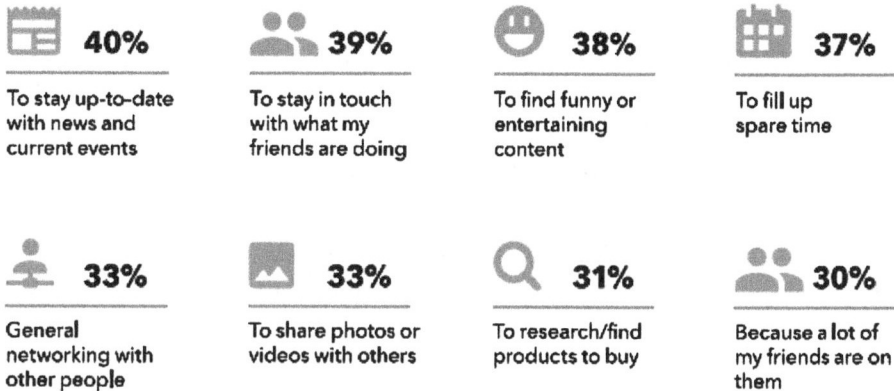

40% To stay up-to-date with news and current events	**39%** To stay in touch with what my friends are doing	**38%** To find funny or entertaining content	**37%** To fill up spare time
33% General networking with other people	**33%** To share photos or videos with others	**31%** To research/find products to buy	**30%** Because a lot of my friends are on them

图 3.5　社交媒体使用动机

(资料来源:http://www. GlobalWebIndex.com/reports/trends-19, 2020-08-13.)

TOP MOTIVATIONS AMONG 16-24S

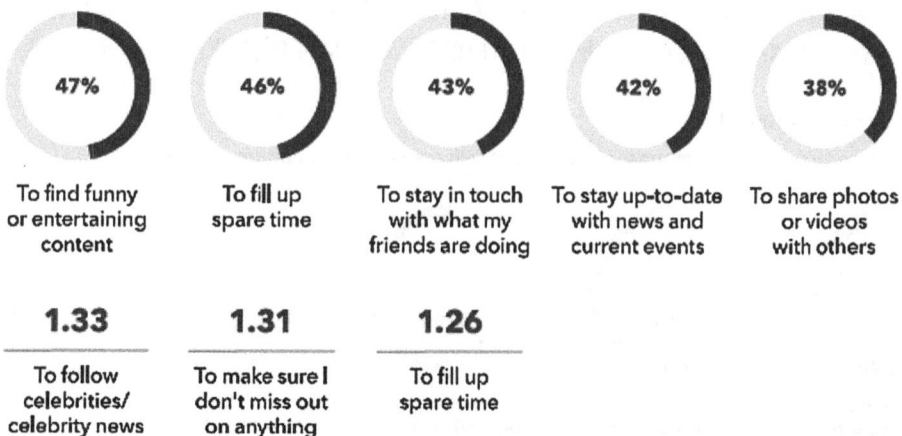

47%	46%	43%	42%	38%
To find funny or entertaining content	To fill up spare time	To stay in touch with what my friends are doing	To stay up-to-date with news and current events	To share photos or videos with others

1.33	1.31	1.26
To follow celebrities/ celebrity news	To make sure I don't miss out on anything	To fill up spare time

图 3.6　16～24 岁使用社交媒体的主要动机

(资料来源:http://www. GlobalWebIndex.com/reports/trends-19, 2020-08-13.)

因,然后是使用社交媒体填补空闲时间(46%),与朋友的活动保持联系(43%)。与朋友保持联系始终列为在所有年龄段使用社交媒体的原因,但在16~24岁人群中这种需求较少。随着Z一代和千禧一代对他人的兴趣降低,作为一种以娱乐为中心的社交媒体可能会成为使用最广泛的开放平台。这就解释了国内一些平台的使用者专门制造各种过度娱乐化的内容。

总结起来,企业在进行社交媒体营销时,不能不知道其自身具有的现状和特性,以及未来发展的趋势,根据针对的平台,制定专项的营销策略,以变应变地进行营销,不仅节省各类资源,并且极大提高效率,达到市场目标。因此,定期进行社交媒体调研,获取国内外社交媒体现状和趋势,掌握第一手微观和宏观资料,显得格外重要。

项目二　社交媒体对游客的影响

全球最大旅游网站猫途鹰(Tripadvisor)对全球两万名游客和33个旅游市场的调研发现:有一半的游客是因为受到猫途鹰社交媒体的影响而选择去新的目的地;和平均水平相比,亚洲人更容易受到社交媒体的影响而去旅游;年轻人在考虑旅游时,不太会固定在一个目的地上;在选择酒店时,亚洲游客,特别是中国人,比欧洲人更看重品牌;年轻人对旅游支出更加谨慎,在旅游产品上的消费只有婴儿潮出生的人的一半,但是他们更愿意把钱花在奢侈品上。

1. 社交媒体旅游用户特征

搜索目的地和阅读住宿评论成为游客的固定行为。86%的游客会首先浏览评价然后再预定住宿。89%的人会在旅行前对目的地的活动和餐厅做一些调研。三分之一的游客会去城市旅游,00后更容易去城市,不到十分之一的游客会乘坐邮轮。全球范围内,阿根廷人最喜欢用社交媒体计划行程的每一个部分。有三种主要类型的游客构成了社交媒体的一半用户,他们可以分为超级粉丝、谨慎的游客和经济型游客。除了口碑是人们旅行的重要因素外,猫途鹰平台是促成游客行程的重要原因,其中亚洲游客所占比例是其他地区游客的两到三倍,此外,亚洲游客更容易找热点地方去打卡。

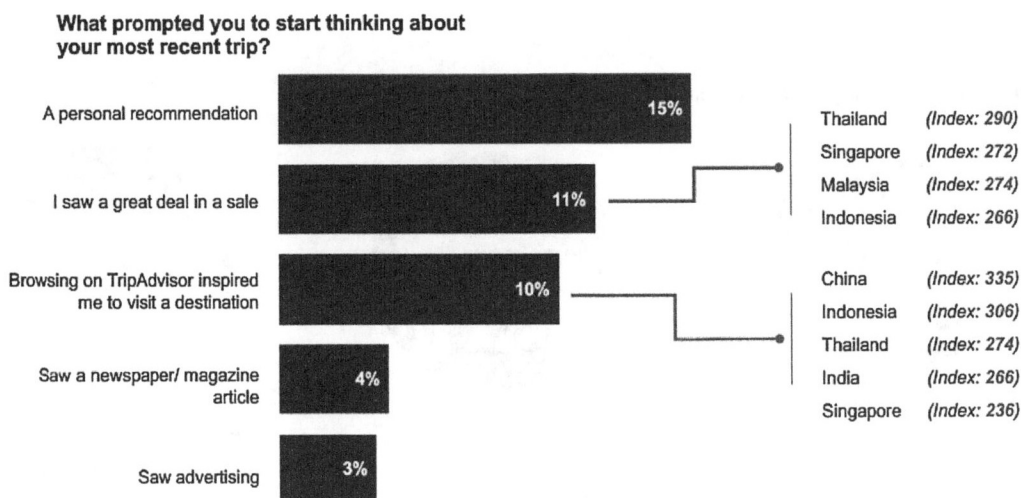

What prompted you to start thinking about your most recent trip?

A personal recommendation	15%	Thailand (Index: 290)
		Singapore (Index: 272)
I saw a great deal in a sale	11%	Malaysia (Index: 274)
		Indonesia (Index: 266)
Browsing on TripAdvisor inspired me to visit a destination	10%	China (Index: 335)
		Indonesia (Index: 306)
Saw a newspaper/ magazine article	4%	Thailand (Index: 274)
		India (Index: 266)
Saw advertising	3%	Singapore (Index: 236)

图 3.7　最近旅行的主要原因

(资料来源: http://www.tripadvisor.com/TripAdvisorInsights/w4594, 2020 - 08 - 21.)

在目的地选择方面,年轻人更容易受到外因的影响,他们在做搜索时心中已经有了许多目的地,相比较而言,三分之二的 50 岁以上的人在搜索之前已经决定好了一个目的地。

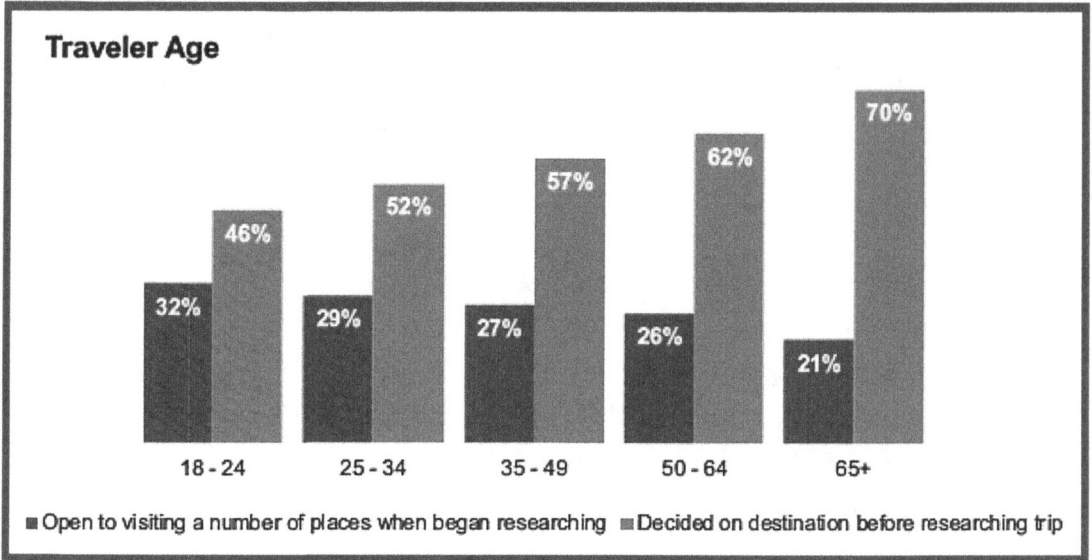

图 3.8　游客年龄

（资料来源：http//www.tripadvisor.com/TripAdvisorInsights/w4594，2020－08－21.）

很多游客即使在没有明确旅行计划时,也会常常使用旅游类社交媒体。游客预定的方式各不相同,一般情况是首先选择交通方式。来自新兴经济体国家的游客会考虑行程中的各个要素,中国、巴西和马来西亚游客热衷于计划行程的最佳组合,阿根廷和瑞士游客更容易首先考虑交通问题。

游客更喜欢去新的目的地,寻找新的文化和体验,而不是宜人的天气。超过三分之一的游客选择目的地是因为希望体验不同的文化、社会和人群,只有五分之一的游客是因为天气而去旅行。

What is important for you when traveling? (% agree)

"Love to travel to see new places and cultures never experienced before"

"I care more about local history and culture than weather when traveling"

"The perfect trip is spending it on a warm, sunny beach"

图 3.9　旅行中最关注的内容

（资料来源：http//www.tripadvisor.com/TripAdvisorInsights/w4594，2020－08－21.）

　　游客喜欢去不同的地点,但在度假时,也有休息放松的需求。年轻游客更喜欢刺激和趣味性活动,老年游客在旅行中更喜欢放松。和其他地区游客相比,亚洲游客更喜欢参观多个地点,并喜欢刺激和趣味性活动。来自寒冷地区的游客,例如北欧人,在选择目的地时,更喜欢考虑良好的天气因素。文化成为游客考虑的重要因素,尤其是学习型度假和研学类旅游,在邮轮旅游、城市旅游和狩猎旅游的游客中,有五分之二是因为文化因素。在各年龄层中,对恐怖主义的担忧一直保持较高,但对政治因素的考虑会随着年龄的增长而增长。

　　在住宿方面,亚洲游客主要选择的住宿类型是酒店,其次是度假地。游客在搜索住宿和选择住宿时,猫途鹰是最主要的使用工具,尤其是在搜索海滨度假、城市旅游和邮轮旅游时更为突出。家庭游更喜欢选择他们信任的酒店品牌。亚洲游客,尤其是中国游客,比欧洲人更加看重酒店品牌。

　　游客充分利用社交媒体来计划行程预算。绝大多数游客尝试找到最佳经济组合产品,五分之三的游客有固定的旅行预算,特别是来自新兴经济体国家的游客更为明显。在游客选择目的地时,社会文化和情感因素成为最主要的原因。

Main reasons for choosing destination (net)

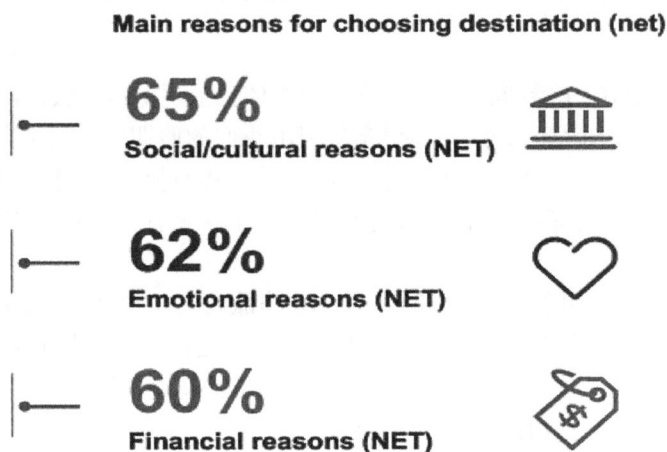

65%
Social/cultural reasons (NET)

62%
Emotional reasons (NET)

60%
Financial reasons (NET)

图 3.10　选择目的地的主要原因

(资料来源: http//www.tripadvisor.com/TripAdvisorInsights/w4594, 2020 - 08 - 21.)

　　成本预算影响了十分之六的游客选择目的地,但住宿价格是第三个影响因素,前两个是体验当地的社会文化和人群,以及天气原因。年轻人对预算更加谨慎,但对奢侈品的购买意愿与其他年龄人群一样的强烈。年轻人更容易受到他人的影响,容易购买销售量大的产品。住宿成为游客预算中最大的支出,但来自新兴经济体国家的游客在这方面花费较少。对航空的选择主要是便利性。游客在游轮上消费最多,在城市消费较少,此外,在海岸度假时,主要花费在住宿上,冬季运动类旅游的游客在目的地的开支主要是购物。

　　社交媒体同样影响了游客对景区的选择。只有少数人在旅行前预定景区门票。猫途鹰成为游客搜索景区的最重要工具。

　　商务游客主要是男性,并且年龄比休闲游客大。商务旅游主要是国内旅游,但休闲旅游倾向于国际性。把商务和休闲结合在一起的游客往往利用机会探亲访友或参加活动,他们在住宿上的花费较少,在目的地的交通和购物上的花费较多。

　　在游客类型方面,主要有三种类型: 城市游;海岸度假;乘游轮。近三分之一的社交媒体用户选择城市游,尽管00后游客比其他年龄游客更倾向于城市游,但62%的游客年龄超过35岁,他们在乘坐交通和参观景点时,更倾向于使用现金。猫途鹰的用户中四分之一游客会去海岸度假,三分之一游客年龄超过35岁,住宿选择主要是度假地和假日租赁。邮轮游客仅占社交媒体用户的5%,三分之二的游客超过50岁,和其他游客相比,邮轮游客更容易购买热点产品,并预定速度很快,此类游客大部分是家庭游和伴侣游,他们在住宿上的花费比其他两类游客要多,并且更倾向于游览更多目的地。

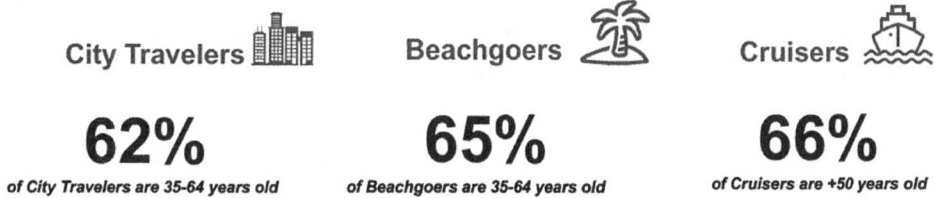

City Travelers

62%

of City Travelers are 35-64 years old

Beachgoers

65%

of Beachgoers are 35-64 years old

Cruisers

66%

of Cruisers are +50 years old

图 3.11　三种类游客

(资料来源:http//www.tripadvisor.com/TripAdvisorInsights/w4594,2020-08-21.)

2. 六种旅行特征

基于态度、预订偏好、年龄和收入,人们在社交媒体上呈现出六种旅行特征。

第一类:寻求价值的游客认为“我们想充分利用我们的假期”。他们通常带孩子旅行,收入中等,大多属于25~34岁年龄段。他们特别重视猫途鹰的价值,希望以此来帮助他们找到旅游产品,如保姆服务和儿童俱乐部,并且他们倾向于在智能手机上进行研究。海滩假期是该组人群的最爱。

第二类:“我们要享受并愿意消费”的人就是豪华旅行者。这些人是高薪人士,与伴侣一起旅行,预算充裕,在25~49岁年龄段人群中最为普遍。他们喜欢炎热而阳光明媚的目的地,城市和海滩则是他们旅行的首选。他们在预订前浏览了猫途鹰的评价,90%的人说,做出最终的住宿预订决定时,评论网站上的评分很重要。

第三类:社交型旅行者是那些“我们要与他人分享并参与其中”的人。他们不独自旅行,更喜欢与朋友和家人共度时光。他们还喜欢保姆服务和儿童俱乐部,因为他们经常带孩子旅行。他们深受口碑和其他旅行者推荐的影响,并且倾向于海滩度假。他们相信猫途鹰可以帮助他们发现隐藏的宝藏,拥有中等到高等收入,并且处在25~49岁年龄段。

第四类:独立型旅行者是那些“我想要我的方式”的人。他们喜欢独闯天涯,并独立做出旅行选择。他们想要冒险,并使用在线研究来寻找产品。文化对他们很重要,气候并不重要。他们大多是低收入或高收入者,属于25~49岁年龄段。他们最有可能在社交媒体上分享猫途鹰的评论。

第五类:研究型旅行者是那些“我们希望它完美”的旅行者。他们花费大量时间来研究目的地、活动、餐厅和住宿,通常是在笔记本电脑上。他们花了一些额外的钱去买一些特别的东西。他们通常是25~49岁年龄段的高收入者,与伴侣一起旅行。研究型游客相信猫途鹰在选择旅程的每个阶段时都能提供消费者的声音。

第六类:经常旅行的人是那些“我们希望它简单而轻松”的旅行者。他们倾向于反复去相同的地方,因此他们不需要花费很多时间进行计划或研究。旅行不仅仅是放松,还在于活动。他们大多为男性,通常会自己决定旅行,处在35~64岁年龄段,属于低收入者。

项目三　社交媒体评论对游客的影响

认为社交媒体评论不重要的企业会犯下巨大错误。评论会影响购买决策。社交媒体评论已成为无数消费者决策过程的一部分。研究表明,浏览在线评论的消费者比例超过80%。这意味着大多数在线购物者在购买时都依赖其他消费者的反馈。这些评论功能也很强大。如果有相当多的不良在线评论,则大约有相同百分比的消费者不会购买该产品。

在互联网出现之前,美国人了解新餐厅、电影和产品是从专业人士那里获得,这些专业人士获得企业的一定报酬。如今,人们从普通人士那里获得意见,这些人购买产品和服务后,根据感受,在线写评论。结果,人们真的信任在线评论。星级评定也变得很普遍,因为它们是消费者快速评估业务或服务情绪的一种快速方法。星级评定更容易被用户接受,因为用户根据星级就能评判有多少好评和差评,对于消费者来说,星级评定似乎和在线评论一样重要,甚至更多。

积极的社交媒体评论还可以帮助企业在社交网络之外获得关注。企业获得的正面评价越多,他们在网站目录中的排名就越高。反过来,这增加了消费者看到并光顾该业务的机会,而不是排名较低的竞争对手。它还可以推动更多本地业务。消费者会在游览到访之前查看有关当地企业的评论。如果他们什么也没找到,或者更糟的是查阅到的是糟糕的评论,他们很可能会跳过它而去其他地方。

社交媒体评论需要适当管理,那么如何做到有效管理呢? 这里有一些最佳实践,可以帮助管理这些评论。

首先避免差评。社交媒体出现差评并不可怕,困难在于如何预防和管理社交评论。第一步是确保企业顾客拥有良好的客户体验。对于拥有众多分公司和办公场所的企业而言,这尤其困难。要确保出色的客户体验,就需要不断了解每个位置的运作情况。很多企业实施匿名暗访之类的购物计划。这些计划模拟在每个地点客户可能遇到的体验,从而消除可能出现的问题。另一个较好的方法是针对一线员工进行调查,以评估员工是否满意、比较满意或非常满意。所有这些调研结果都有利于优化客户体验和评价。因此,企业要确保能充分照顾前线员工的利益,员工满意了,顾客才会满意。

其次是处理好社交媒体上的差评。无论企业如何管理客户体验,都会由于无法预料的原因而犯错误或使客户恼火。在这种情况下,倾听客人的声音非常重要。应该培训员工在第一现场处理问题的方法,但是客人往往会在网上抱怨更多,而不是联系员工处理问题。一个负面的评论可以消除数十个正面的赞誉。因此,企业应设立一个联络中心,其中配备有现场工作人员,负责监视和回应顾客对品牌的意见。员工可以一对一地安抚不满意的客户,并使负面评价不会发布到社交媒体上。同时,他们也可以感谢客户提出的意见和批评。

第三点是增加好评,扩大优势。通过扩大好评,企业也可以取得成功。企业员工可以面对面地接触顾客,并做相关调研,如果顾客反馈良好,立刻让顾客在社交媒体上发布优秀评论,并给予一定的奖励,这样,真实的优秀评论会逐渐增加,变得越来越多。

企业实战

以下是社交媒体用户问卷调查范文,企业可以根据实际情况对内容进行修改和补充。

×××公司社交媒体用户调查问卷

尊敬的朋友:您好! 感谢您在百忙之中抽出时间参加本问卷调查! 本次调查目的是调查"社交媒体用户使用行为",本问卷采用不记名方式填写,全部资料只用于学术研究,绝不对外公开。请您根据自身真实感受如实填写,您的回答将影响本研究的结果。非常感谢您的支持与合作!

第一部分　用户基本情况

1. 您的性别:［单选题］

○ 男　　　　　　　○ 女

2. 您的年龄:［单选题］

○ 19 岁及以下　　○ 20~29 岁　　○ 30~39 岁　　○ 40~49 岁

○ 50 岁及以上

3. 您的学历:［单选题］

○ 小学及以下　　　　　　　○ 初中

○ 高中/中专/技校　　　　　○ 大专

○ 大学本科及以上

4. 您的职业:［单选题］

○ 在校学生　　　　　　　　○ 党政机关事业单位工作者

○ 企业/公司职员　　　　　　○ 教师、医生、律师等专业技术人员

○ 商业/服务业一般职工　　　○ 退休

○ 无业/待业中　　　　　　　○ 其他

5. 您最常使用的社交应用是下面的哪一个:［单选题］

○ 微博　　　　　○ 微信朋友圈　　○ QQ 空间　　　○ 抖音

○ 没有使用

以下问题是根据您最常使用的社交网站,请您根据自己真实的使用情况,回答下面的问题:

6. 您使用该社交应用的时间:［单选题］

○ 1 个月以下　　○ 1~6 个月　　　○ 6~12 个月　　○ 1~2 年

○ 2 年以上

7. 您使用该社交应用的频率:［单选题］

○ 每天 1 次以上　　　　　　○ 每周 4~6 次以上

○ 每周 2~3 次以上　　　　　○ 每周 1 次以上

○ 每月 2~3 次或更少

8. 您在该社交应用的联系人主要包括:［多选题］

□ 亲属　　　　　　□ 上司　　　　　　□ 同事　　　　　　□ 下属

☐ 同学　　　　　　☐ 朋友　　　　　　☐ 其他

9. 您在该社交应用上联系人的数量：［单选题］

○ 1~50 人　　　　　　　　　　○ 50~100 人
○ 100~150 人　　　　　　　　　○ 150~200 人
○ 200 人以上

第二部分　社交媒体用户使用行为调查

10. 随着多媒体的普及,越来越多的人开始使用社交应用,人们在社交应用中可能会看到朋友的转发信息,继而再次转发。在转发信息(或者看到朋友转发的信息)的过程中,人们对于转发内容的可信度会有不同看法。请您根据之前对于转发信息的看法与经验,对下面的情形进行判断：［矩阵单选题］在圆圈内打钩

1. 完全不信　　　　　　　　　2. 不太相信

3. 一般　　　　　　　　　　　4. 比较相信

5. 完全相信

① 现有幼儿园午休用小床 100 张,用过几年的滑梯一部,如有偏远环境较差的地方需要将无偿赠送! 136××××,希望看到的人能帮忙转发出去　1○2○3○4○5○

②《微波炉厂家打死都不说的惊人秘密》(微波炉辐射会致癌、微波炉烹调食物会导致营养流失,还有其他很多严重危害)　1○2○3○4○5○

③ 科学家最新验证,以下的食物绝对不能同时吃　1○2○3○4○5○

④ 经可靠信息,某处的日常饮用水被污染了,长期饮用会引发癌症等并发症,请转发让更多的人看到　1○2○3○4○5○

⑤ 今年是×年,生肖是×的要注意了　1○2○3○4○5○

⑥ 一名三岁多的小女孩在××××附近被人拐走,现在大人都急疯了,有知情者请告知,134××××　1○2○3○4○5○

⑦ 万一被歹徒挟持去提款时,请倒着输入你的银行卡密码,这样相当于间接告知警方,请转发起来让更多的人看到　1○2○3○4○5○

⑧ 没去过**赛梦微缩世界**就没来过上海外滩,你同意吗?　1○2○3○4○5○

⑨ 在陆家嘴旅游,乘坐**动吧观光巴士**是最佳旅游方式,你有过体验吗? 1○2○3○4○5○

⑩ **天柱山风景区**在安徽的知名度超过黄山,你同意吗?　1○2○3○4○5○

11. 对于上述信息,你曾在该社交应用中见到过转发的吗? 请选择曾看到类似信息的类型［多选题］

☐ 食品安全　　　　　　　　　☐ 人身安全
☐ 健康养生与疾病防治　　　　☐ 赠品相关(转发即可获赠)
☐ 金融投资　　　　　　　　　☐ 其他
☐ 从未看到过类似信息

12. 对于上述信息,你会进行转发吗,请选择会进行转发的编号［多选题］

☐ ①　　　　　☐ ②　　　　　☐ ③　　　　　☐ ④
☐ ⑤　　　　　☐ ⑥　　　　　☐ ⑦
☐ 会转发其他形式的　　　　　☐ 不会进行转发

任务一

制定天柱山风景名胜区社交媒体用户调查问卷,并分析问卷数据,撰写一千字用户画像。

任务二

制定上海赛梦文化创意有限公司社交媒体用户调查问卷,并撰写一千字用户画像。

任务三

制定上海自在旅游观光巴士有限公司社交媒体用户调查问卷,并撰写一千字用户画像。

学习小结

模块四 微信营销管理

学习目标

☆知识目标 了解微信和公众号的基本功能；了解公众号营销优势；了解微信群营销的优势；了解小程序营销优势；了解朋友圈营销优势。

☆技能目标 掌握公众号营销策略和技巧；掌握微信群的建立和运营方法；掌握小程序营销策略；掌握朋友圈营销策略。

理论知识

微信(WeChat)是腾讯公司于2011年1月21日推出的一个为智能终端，提供即时通信服务的免费应用程序，由张小龙所带领的腾讯广州研发中心产品团队打造。微信支持跨通信运营商、跨操作系统平台通过网络快速发送免费(需消耗少量网络流量)语音短信、视频、图片和文字，同时，也可以使用通过共享流媒体内容的资料和基于位置的社交插件"摇一摇""朋友圈""公众平台"等服务插件。

项目一 公 众 号 营 销

1. 什么是公众号

公众号是个人或单位在微信公众平台上申请的应用账号，通过公众号，账号主体可在微信平台上向平台关注者推送文字、图片、语音、视频等多种形式的信息，关注者也可通过微信个人、微信群、朋友圈、QQ或其他网络渠道进行转发和分享，由此进行信息的传播和扩散。目前，微信公众号大致分为服务号、订阅号、企业号三类，除了信息传播以外，微信公众号还可以在进入页面开发和链接各类功能区域，多渠道开展线上业务。

2. 公众号营销的优势

微信公众号已成为很多用户的商用平台，它可以用于提供信息入口，维护客户关系，开展电子商务，宣传产品信息，具有多方面的商用价值。利用微信公众号开展营销具有以下优势：

(1) 营销精准度高。微信公众号是粉丝可以随时随地投票、选择去留的媒体平台，因此，微信公众号为了留住粉丝，会更注重用户的使用体验，以此有效吸引、长期锁定自己的用户群体，换言之，能主动收到公众号信息的用户都是主动关注者。在微信公众号的功能设置里，还可以通过地域控制、行为偏好、性别等多种方式对用户进行区别分类，然后将不同类别的信息分类推送，从而更加精准地对不同用户开展营销活动。由于微信公众号是通过一对多的传播方式直接将信息推送到用户的手机终端，同时，公众号推文又可以通过朋友圈分享、微信群转发等方式进行随时扩散，因此信息到达率及打开阅读的概率都非常高。

（2）营销受众广。网络营销的特点是可以将广告信息全天候不间断地散播到每一个角落，只要具备上网条件，任何人何时何地都可以阅读。公众号的文章可以通过微信群、朋友圈、QQ等多种网络渠道进行扩散，腾讯相关产品的十余亿用户本身就是信息扩散的一个巨大空间，其他多种多样的社交平台更为公众号信息的无限扩散提供了可能。此外，公众平台推送的内容一般都较为简洁，并配之以图片、视频等形式缓解视觉压力，内容虽具有碎片化特征，但也刚好符合人们利用碎片化时间进行随时随地进行阅读的习惯。用户甚至可以根据自身的喜好和需要，随意订阅多个自己感兴趣的微信公众号，也可以通过各种非直接的途径获取来自公众号的各类信息，因此，通过公众号营销具有非常广的受众范围。

（3）营销方式友好。包括微信群等在内的很多营销方式都有骚扰用户的嫌疑，毕竟反复提醒打开阅读的体验不是很愉悦，但是微信公众号的设置比较人性化，它与用户沟通的方式不具有强迫性，是否关注该公众号，是否置顶该公众号，是否接受该公众号的信息，是否打开该公众号的推文，是否转发或分享，主动权都掌握在用户手中。这种主动获取的阅读方式不仅提高了信息推送的精准度，也最大程度优化了客户的阅读体验。同时，根据公众号的相关设置，用户也可以通过回复关键词、查看历史文章、打开下拉菜单等方式主动与公众号交流，查找相关的信息，虽不打扰，但客户需要的话随时可沟通，这种友好方式符合现代人的网络心理需要，也提高了营销的实际效果。

（4）营销方式低廉。公众号的沟通基于网络+手机，有别于传统的门店销售，也有别于之前的电话和短信等沟通营销方式，这种客户主动关注平台获取消息的方法环节少、成本低，也减少了消息传递过程中产生的成本。目前来说，公众号的管理和运营门槛也比较低，只要有基本的写作和审美能力，熟悉计算机操作，经过简单培训便可成为公众号的维护者，用人成本不高。公众号平台本身，除了认证的平台需要每年支付300元左右的费用之外，别无其他平台支出，平台的运营和维护成本也比较低。

（5）信息推送方式多样。公众号的信息推送方式比较多样化，它不仅可以通过文字、图片等混合文本方式进行信息传递，还支持音频、视频等方式的推送，随着微信公众号的不断发展，目前不仅可以将以上多种元素混于一篇文章进行推送，也可以单独推送一段话、一张图、一段音频或视频。信息传递的丰富性和多元化有效拉近了用户的距离，也让营销活动变得更生动有趣，更有利于营销活动的开展。

（6）其他的互动及链接功能。微信公众号除了具有后台信息回复、关键词回复、留言回复等基本互动功能以外，平台还设置有上拉菜单，通过上拉菜单可以跳转到已设置的文章甚至第三方平台，包括网站、小程序等具有更多功能的平台，为营销活动开辟更为广阔的空间。在日常推送的文章中，可以通过设置文末链接、文字或图片的文中超链接、往期图文的跳转链接等，引导客户进入更多空间，查询相关信息，了解其他情况，以便于营销活动更有效地开展。

3. 公众号的营销策略与技巧

（1）选择恰当的公众号类型。微信公众平台目前有订阅号、服务号、企业号三种类型，分别具有不同的功能和适用范围。订阅号是目前使用最为广泛的一种，它主要偏向于向用户传达咨询，每天可群发一次信息，如果想通过公众号发送消息，做宣传推广服务，可选择开通订阅号，订阅号也分认证和未认证两种，两者在功能上稍有不同，通过认证的订阅号在某些高级功能或最新功能上有优先使用权。服务号主要偏向于服务交互功能的开发，可以为商户提供更强大的业务服务、用户管理等功能，如果商户需要通过公众号开发在线商城、在线支付，进行商品销售,那么可以选择开通服务号。但是服务号的信息传达功能较弱,每个月只有四次推送图文的机会。企业号可以为商户提供移动应用入口,帮助商户建立与员工、上下供应链的对接,主要用于管理内部员工和合作企业。企业号可以帮助商户快速、低成本地实现高质量的企业移动轻应用,实现生产、管理、协作、运营的移动化,相比企业自己开发 APP 具有明显的优势。但企业号一般不用来对外推广。订阅号、服务号、企业号三者功能有交叉,也有明显差异,因此,很多商户选择同时开通两种甚至三种类型的公众号,互相链接,共同使用。为便于读者了解三者区别,现将它们的区别见表4.1。

表 4.1　微信公众号的区别

账号类型	订阅号		服务号		企业号	
业务介绍	为组织或个人提供一种新的信息传播方式,频繁传达咨询		给企业和组织提供更强大的交互服务与用户管理能力		帮助企业和组织建立员工、上下游合作伙伴间的连接	
适用人群	适用于个人和组织		不适用于个人		企业、政府、事业单位或其他组织	
功能权限	未认证订阅号	认证订阅号	未认证服务号	认证服务号	未认证企业号	认证企业号
消息直接显示在好友对话列表中			√	√	√	√
消息显示在"订阅号"文件夹中	√	√				
每天可群发 1 次消息	√	√				
每个月可以群发 4 次消息			√	√		
保密消息禁止转发					√	√
关注时验证身份					√	√
基本的信息接收/回复接口	√	√	√	√	√	√
聊天界面的底部自定义菜单	√	√	√	√	√	√
定制应用					√	√
高级接口能力		部分支持		√		部分支持
微信支付——商户功能		部分支持		√		√

(2) 明确平台定位。定位是公众号运营的首要问题,定位就是要解决公众号"做什么""怎么做"这些基本问题。一般说来,商家在开通公众号之前要明确行业、人群、产品、地域、内容等几个方面的定位问题。所谓行业定位就是说你的公众号要立足于哪一行业？根据市场需要和自身能力确定好行业后,可以从公众号名称、标识、关注回复内容等方面进行体现。产品定位依托于行业定位,确定主打产品后,便可以通过推文和公众号界面的功能设置明确自己的产品定位。根据产品定位为自己的潜在客户画像,进行人群定位分析,人群定位决定了接下来公众号推文及界面设置等内容的风格定位。以营销为目的的公众号不能片面地追求人群数

量,相反,细致的用户画像,精准的人群范围,是提高营销有效性的重要因素。地域定位取决于产品适用范围和商家服务能力,需要提醒的是,随着互联网的普及和现代物流业的发展,商家服务的地域限制在不断被打破。

(3)塑造独特风格。公众号的风格取决于公众号的人群定位,根据客户群体的喜好、审美等特征,公众号应在标识、排版和内容等方面形成自己独特的风格。公众号的标识包括公众号名称、Logo等元素,标识设计的基本原则为贴合主题、简单明了,即符合公众号的行业和产品定位,让人能够尽快从标识中获取核心信息。排版风格包括公众号界面设计和文章中图文排版两方面,包括关注回复内容、下方菜单设计等内容在内的界面设计基本要求是引导明确、信息精准,因为这是客户寻求信息的第一渠道,能及时方便地查询到准确的相关信息是界面设计的首要标准;推文里图文设计风格包括字体、字号、字色、行间距、图文间距、图片插入方式、段间距、对齐方式等多方面元素,这些元素组合要求一般为简洁大方、重点突出,既不花里胡哨,也不平淡无奇,既传达了信息,又不至于产生阅读疲劳。除了上述两个方面,类似于公众号的吉祥物、运营者的自称、对粉丝的昵称、留言回复的语言类型等都是公众号风格的重要组成部分。公众号运营者要力求要各方面风格大致统一,共同塑造平台应有的形象,以此增强客户对平台的黏性,以求达到更好的营销效果。

(4)营造互动氛围。公众号的生命力在于与客户的交流程度,虽然公众号是一个信息发布平台,但是通过用心设置和精心运营,公众号完全可以成为一个即时交流平台。通过及时回应和即时交流,深化商户与用户间的交流与了解,是公众号发展壮大的需要,更是增强公众号营销能力的需要。公众号本身具有在线沟通功能,用户可以像微信好友聊天一样同公众号开展对话,除此之外,通过关键字回复、往期文章查询、文末设置阅读原文、文中放置二维码、文中设置超链接、留言回复等功能进行各种形式的互动式交流。通过公众号开展交流互动需注意三个方面的问题,一是回复要及时,要在用户有沟通需要的第一时间能够与之对话,这种对话指的是有针对性的人工对话,而不是事先设定好的机械回复;二是回复要实用,如果用户主动沟通,必须要满足,因此,商户的回复一定要回应用户的需求,不拐弯抹角,不假话套话,要直奔主题,直面问题,给出答复;三是回复要有趣,网络营销一直以来都以"不刻板、不严肃"为特征,几乎约定俗成地称顾客为"亲"便是这一特征的主要体现,因此,商会在与用户线上交流时要轻松而不轻佻,有趣而无害。

(5)推文实用有趣。不管是通过公众号本身盈利的平台,还是通过公众号营销商品或服务的平台,"在商言商"都只能维持小范围关注,甚至逐渐丧失关注量。在新媒体时代,既好用又好玩应当成为公众号推文的基本原则。在信息爆炸的社会,每个人对信息的关注范围都很有限,如何利用大众关注的热点制作推文、开展营销,是新媒体营销的基本技能。通过推文开展新媒体营销的基本路径有:选用一张有吸引力的封面;选取一个有打开欲望的标题;设计一段引人入胜的引导语;讲述一段感人的故事;撰写一篇美文;选择无违和感的方式植入需要推广的信息等等。很多公众号为了推销产品,不惜每天花费大量图文不厌其烦地推送产品信息,岂不知,这种"硬广告"不仅会带给阅读者极大的反感,甚至会逼迫已有的粉丝逐渐取关。所谓"软文"精妙之处就在于一个"软"字,让用户不受强制广告的宣传下,文章内容与广告的完美结合,从而达到广告宣传效果。学会写"软文",让推文不仅实用而且有趣,是做好公众号营销的关键环节。

(6)进行线上推广。粉丝众多是公众号影响力扩大的基础。在公众号初期,如何更大范围地吸引粉丝主动关注,是公众号运营的重要课题。只有数量众多的粉丝作为原始阅读者和推广者,公众号营销的效果才会呈现出来。因此,开展公众号营销的重要一步便是推广公众号。推广公众号要通过各类线上方式广而告之,比如论坛推广、网站推广、微信互推等。虽然现在的网络论坛已经没有之前火爆,但是很多主题论坛还是人气很旺的。通过在这类论坛进行发帖推广,还是有一定的效果的。如发一些网友感兴趣的话题,在关键地方留下二维码或者账号名以此来吸引潜在粉丝关注自己的公众号;制作一个网站,维持一定的更新频率,积累可观的访问量;在网站中插入自己公众号的二维码,并且采用一些诱导性的语言,当曝光率达到一定的程度时,可以吸引大量的粉丝关注。当然,也可以借助已有的网站,进行广告位的宣传推广。通过 QQ 群、微信群、朋友群进行大量的宣传推广是比较常见的方法,借助知名的或同类的公众号进行互推,也是吸引公众号粉丝的有效途径。通过百度等互联网引擎进行产品推广,以百度文库为例,推广人员可以在文库里上传一篇高质量的文章,其中插入自己的公众号二维码,通过大量的下载吸引新的关注者。

(7)结合线下活动。公众号营销不是单纯地进行线上沟通和互动。通过开展线下活动,将粉丝引流到线上公众号也是扩大公众号影响,进行公众号营销的重要方式。线下引流到线上公众号的方式有很多,比如在实体店内放置公众号二维码;扫街派单关注公众号;送礼物和线下活动物料上放置二维码、户外广告等。以餐饮店为例,店内的活动海报、餐牌、菜单、桌贴、水牌、纸巾盒、餐具包装袋、打包袋等等,显而易见之处都可以印上公众号二维码,通过“扫码关注更方便”“扫码关注领红包”“扫码关注打折”“扫码关注送券”之类的优惠活动,让人随时可以扫码关注;为推广公众号,上街做扫码关注就送礼之类的活动也比较多见,利用人对人的传统推销模式,以各类优惠活动为载体,或是以赠送实用性较强的小礼物为“诱饵”,引导潜在用户扫码关注,建立沟通渠道;户外投放广告也是传统的推广方式,比如通过电梯海报、公交站牌海报等户外宣传方式,将扫码活动信息传达给更多人群。总之,网络营销的主体和客体都是人,人与人的交流要通过线上、线下两种方式来增进,将线上信息和线下活动紧密结合才能更有效地增强公众号营销的效果。

项目二　微信社群营销

1. 什么是微信群

微信群是基于微信软件的多人聊天交流平台,群成员可以通过网络快速发送语音短信、视频、图片和文字。建立、加入和退出微信群都非常简单,群成员之间不一定是好友关系,因此,微信群有明显的社会交际性质。

2. 微信群的营销的优势

微信群成员具有很多共性,群消息的即时性也更加方便了信息的畅通。比较而言,微信群营销具有以下优势:

(1)方便与目标客户沟通。微信群是基于某种需要建立的,群成员也是围绕着这一需要自愿加入的,因此,群成员有着明确且类似的需求。对于营销而言,建立微信群可以更好地与群成员进行交流沟通,获得他们的真实需求,了解某种商品在市场上的受众范围。同时,商家可以在沟通中与群成员建立良好的信任,并引导他们逐步转化为客户。相较于传统的购物方式,微信群营销具有集体活动的性质,会刺激群成员的潜在需求,有效带动更多的消费行为,尤其是在建立了信任的基础上进行营销,效果会更加突出。例如你的朋友在某个品牌服饰微信群有购物经历,经过介绍,你被拉进了该群。尽管刚开始是围观状态,但是群内购物的浓厚氛围和商家与客户之间的友好沟通方式,会增加消费的可能性,消费者会逐渐成为商家的忠实客户。

(2)方便开展场景式营销。微信群是支持多格式信息即时沟通的平台,非常适合进行场景式营销。场景式营销就是借助消费者所处的场景及特定的时间和空间,营造特定的场景,与消费者形成互动体验、完成消费行为的过程。商家通过场景式营销介绍商品的各方面特点,强调商品的比较优势,甚至可以引导群成员中的老客户不断展示商品的售后或用后效果。要知道,客户的行为是可以被引导的,在客户与产品之间搭一座桥,建立一种联系,给顾客一个购买的理由,这座桥的名字便是场景化。通过场景式营销,让产品通过特别设定的场景潜移默化地进入消费者认知,让用户在相关的场景能联想到你的产品,从而转化为购买行为。

(3)营销性价比低。微信群的建立没有任何门槛,三人即可成群,微信群的运营和维护也没有成本,除群成员数量外,微信群成员的进入和管理也没有什么限制,因此,通过微信群进行营销成本极低。同时,微信群消息不仅没有发送的次数限制,而且支持文字、图片、音频、视频、各类链接等多种形式,且群消息的送达率为100%,微信群是一个即时交流群,可以多人同时有针对性地开展沟通,因此,沟通效率极高。微信群还具有查看群成员信息、查找聊天记录、发布群公告、置顶聊天、进群方式多元化等功能,为增删群成员、保留群消息,扩大群规模、强化群影响提供了极大便利。

(4)便于提升复购率和转介率。由于群内基本都是老客户或目标客户,因此,通过微信群开展各类促销活动的宣传会事半功倍。微信群成员人数有限,且需求集中,是一个很容易扩散舆论和激发消费心理的"小圈子",只要前期工作做得好,每一个人下单都有可能引发连锁反应,激发其他人的潜在需求,进而产生消费冲动,这也是微信群复购率较高的原因。精心经营的微信群其成员对作为群主的商家有着较高的信任度,长期在群内接受相关信息的刺激,群成员会产生强烈的认同感,形成"口碑",提高向他人转介产品甚至直接拉人入群的积极性,扩大群规模和影响力。

(5)易于开展售后服务。提供优质的售后服务是提高复购率和转介率的前提,微信群的存在为及时开展售后沟通提供了可能。由于是以微信群的形式共存的,因此,不管是售前的咨询,还是售后的服务,商户和客户都是随时可以联系的,如有问题随时在群里反馈。多人共处一群还有一个优势就是,类似的售后信息可以"一次发送,多人共享",避免重复开展"一对一"的售后信息咨询。如需个别沟通,商户或用户也可以随时在群里添加对方为好友进行私下交流。这种随时可寻的状态给了双方建立信任的基础,也为后续的消费活动创设了良好氛围。

3. 微信群的建立和运营

通过建立微信群扩散影响、汇集客户已成为很多商家的选择。微信群虽然易于建立和便于管理,但也需要一定的理念和技巧,否则,微信群很可能会成为七嘴八舌的"乌合之众",不仅没有发挥应有的作用,还可能会因运营不善而惹出是非。管理运营好微信群,使之发挥良好的营销效果,需从以下几个方面着手:

(1)定位准确。微信群营造是基于共同需要的。微信群成员是拥有类似兴趣爱好或同一话题的相关者组成的群体,因此,如何定位微信群,即这个微信群是做什么的,是首先要解决的问题。明确微信群的定位源于建群需要,群主要首先考量自己拥有的资源、所要营销的对象,在做好微信群建设总体规划的基础上,再着手建立微信群。微信群不能自定义头像,微信群的名字就成了标识微信群功能的重要符号,一个定位清晰的微信群一定要通过简洁明确的群名字体现出来。微信群建立后,要有针对性地拉人入群,而不是"逢人便拉",人群的共同属性是微信群定位的基础,因此,添加相关人群是建立好微信群的关键。

(2)话题有料。微信群营销的效用有多大,一定程度地取决于这个群的活跃度。对于刚进群的客户而言,这个群是陌生的,在发言方面一定是谨慎的。如果群主无法不断地挑起有回应的话题,那么微信群会逐渐陷入"死群"状态,就算是群主每天都在不遗余力地抛出话题,也总会陷入"自说自话"的尴尬境地。因此,群主应联合群内活跃度较高的成员,不断抛出新的有趣话题,引发更多人的参与。这个话题可以与微信群的主题有关,也可以是当下的社会热点、焦点问题。不管什么议题,彼此交流讨论的过程就是建立同理心,增进感情的过程,也是彼此了解,建立信任的过程。亲切、有趣、有用的话题,加上平等、积极、热烈的交流氛围,群成员间的心理壁垒会逐渐被打破,后面的营销效果也会因此而倍增。当然,发红包也是活跃群氛围的重要手段,但红包毕竟是真金白银的经济成本,且群成员过多的话,几分几角的红包也确实发挥不了作用,因此,发红包活跃群氛围可用,但需慎重。

(3)群规有力。微信群健康有效地运营离不开约束有力的群规。群规不是指根据群主单方面需要或喜好制定的规矩,而是说群内成员共同认可的群内言行规范。作为以营销为目的的微信群,群主一般是商家,成员一般是客户,群成员处于被需要的位置,因此,制定群规要慎重,要让群成员理解群规的存在不是为了约束大家,而是为了更好地服务大家。比如群内不允许出现有政治问题的言论,这是为群内所有成员着想;群内不许出现不文明言论,这是为网络精神文明建设着想;群内不许出现有明显风险的小广告,这是为了大家的安全着想,等等。包括进群门槛在内,经所有成员认可的群规不仅是保障群内成员权益的利器,也是保障群功能集中有效的重要途径。在群规的引导和约束下,群成员逐渐形成情感有依赖、快乐有分享、利益有交换的群内氛围。群内的感染力、凝聚力和号召力有了提升。这是做好微信群营销的重要基础。

(4)群主主导。群主作为组群的建立者、管理者,要主导群内活动和言论,履行好监管职责。法律有相关规定,对于群成员发布或在群内实施不法行为,如果群主置之不理一味纵容,则会受到连带责任。视情节严重与否分为民事责任和刑事责任。对于成员发布不足以构成刑事处罚的违法内容,群主如果没有及时履行监管职责,则可能面临治安处罚。从营销效果的角度来说,群主要不忘建群的初衷,维护好群内环境,维系好群里成员,规划好群的发展,把握好群内动向,发挥好群的效用,精心经营,用心管理,与群成员建立起友好关系。对危害群健康的成员要用好群规的武器,敢于出手。只有首先做好群主,塑造起群主的权威和魅力,接下来的营销活动才会更有效。

(5)氛围活跃。微信群的营销效果不在于人数多少,更多地在于群内氛围是否活跃,是否有不断抛出的话题和及时跟进的回应。在有趣有效的信息发出时,如何激发群内成员发声的积极性,可以从以下三个方面进行引导。首先,培养群内"意见领袖",不管是及时的迎合,还是诚恳地批评,个别人的及时发声很关键。"沉默的大多数"很多时候需要这种"意见领袖"的带领和引导;其次,引导群成员对产品或服务在群内反馈,这一习惯可以通过结合优惠活动鼓励群内消费者"现身说法",积极抛出产品相关话题;第三,养成将关键信息及时在群里发布的习惯,培养群成员对微信群的黏性。比如新品的介绍,优惠活动的信息发布,重要名单的公布等。只有当群成员意识到这个微信群对自己的重要性,养成主动关注群消息,及时回应群消息的习惯,微信群营销的效果才会更为凸显。

(6)适时营销。适时营销指的是微信群营销有"时机"要求。微信群是一个开放式的沟通平台,随时可以发布多种形式的信息,这就为群消息的泛滥提供了可能。在数量巨大的信息沟通过程中,如何把握时机进行推销成了关键。通过微信群适时营销需要注意三个关于"时机"的方面。首先,要找准群成员阅读集中的时间。每类人群有不同时段的集中阅读手机习惯,是早上、晚上,还是午饭后、睡觉前。不同年龄、不同职业的人群特点各有差异,要重点分析你所在群成员在这方面的共性,找准阅读集中时段,开展营销;其次,把握好群成员在信息流中产生某种需求的心理时机。这个时机的产生可能是源于群内聊天到了某个关键话题,或是社会上因某件热点事件产生了某种需要。在这个时候适时推出相关产品,会大大激发人们的消费冲动;第三,避免群成员可能产生集体厌恶感的时机,长期经营的微信群已经不单纯是一个营销群,群成员之间有一定的情感基础,切忌在别人不舒服的时候推销产品或服务,把营销的时机建立在别人遭遇困难或痛苦的基础上,不仅会招来当事人的反感,会让周围人感到心凉,进而破坏之后的营销氛围。

项目三　小程序营销

1. 什么是小程序

小程序指的是内嵌于微信软件的应用程序,它使用前不需要下载安装,用户扫一扫或搜一搜即可打开应用,使用后也无须卸载,"微信之父"张小龙对小程序的定义为"即用即走、触手可及"。随着手机用户个性化习惯的养成,APP市场趋于饱和,新开发的APP已很难开拓新的市场,除了推广难度加大之外,AAP开发的成本也一直居高不下。2017年1月,微信小程序正式上线,凭着开发成本低、推广难度小、操作简易、功能较多等优势,小程序很大程度地满足了生活服务类线下商铺以及非刚需低频应用的转换等需求。

2. 小程序的主要功能

小程序作为一种常用的线上应用,不但易于操作,功能也比较强大。

(1)消息通知。商户和用户可以通过小程序进行即时的线上沟通,商户通过发送模板消息给用户,与此同时,用户也可以在小程序中联系客服,此种沟通方式既支持文字也支持图片,是双方沟通更便捷、更有效。

(2)对话分享。小程序可以通过对话的方式分享给好友或微信群,达到无须下载便随时分享的效果。

(3)线下扫码。通过扫一扫二维码,即可进入小程序,二维码可以以图片的方式被分享和传播。

(4)搜索查询。用户可以通过已知或相关的小程序名称直接键入搜索栏进行搜索查询。

(5)小程序切换。小程序支持挂起功能,用户可以在使用微信小程序的过程中,快速地返回聊天界面,二者之间的切换是不需要等待的,多窗口的随意切换更加方便用户。

(6)历史列表。用户使用过的任何小程序都会被自动收入列表当中,方便下一次快速找到。

(7)关联公众号。同一开发主体的小程序与公众号是可以相互关联的。

（8）附近的小程序。在微信中可以快速找到附近的小程序和服务,同时也能够帮助线下的商户更直接地接触到用户,让微信小程序可以更多地融入生活场景。

（9）支持定义关键字。为了方便用户快速地找到所需要的小程序,并帮助小程序更准确地达到用户那里,小程序开发者会有自定义关键词的功能。

当然,上面列举的是经常用到的小程序的主要功能,除此之外,小程序还具有通过蓝牙链接智能硬件、与微信卡券功能相结合、个人开发者可申请等功能,随着小程序进一步地开发利用,小程序的功能还会进一步丰富和升级。

3. 小程序的营销优势

小程序作为一个新兴的功能强大的营销平台,越来越受到商户的追捧。它具有以下几方面的营销优势。

（1）开发成本较低。小程序与手机客户端APP的开发技术较为相似,但小程序采用了更为简单的页面代码,开发成本大约只占到APP开发成本的15%,因此,小程序的开发难度较小,成本也较为低廉。

（2）使用便捷度较高。尽管易于开发,但小程序的功能却较为强大,使用的便捷度也很高。使用时无须下载,点击一下即可打开页面,使用后无须卸载,直接退出即可,极大节省了用户的时间和流量资源,也弥补了手机客户端APP的固有缺陷。

（3）占用手机内存较少。相对于体量较大的手机客户端APP,小程序只是页面代码,既不需要下载软件,也不需要定时升级,小程序的这一"小"的特点,极大地节省了用户的手机空间。

（4）推广渠道较多。小程序可通过搜索关键字、好友分享、打开链接、查询列表、扫二维码等多种方式进行打开,推广渠道较多、推广成本较低,容易受到用户欢迎。

（5）管理难度较小。作为商户主导的平台,小程序集会员优惠、购物记录、售后服务、门店信息等服务于一体,且可以被任意定义各类活动内容,同时,小程序与微信各项功能的结合,又使得小程序具有强大的支付功能,因此更便于商家使用和管理。

（6）用户忠诚度较高。微信本身使用率就很高,依托于微信的小程序自然很容易招揽用户,由于小程序有明确的商家信息,因此,用户集中度和忠诚度都较高,与公众号相关联、把具体单页信息分享给好友等功能,更加进一步增加了用户的黏度和传播度。

4. 小程序的营销策略

小程序是一种个性化的应用平台,在使用这一平台时要注意以下几个方面的策略。

（1）取名应简单且明确。小程序的名字是唯一的,不允许重复的,因此,取一个合适的小程序名字并不容易,如果已存在的类似小程序众多,那么合适名字的可选范围就更小。实践证明,名字越短,针对性越强,在小程序里的排名就越靠前。小程序的命名虽然支持中文字符、英文字符、数字和各类符号,长度也可在4到30个字符间选择,但是好的小程序名字一定是不宜太长、太复杂的,简单明确是小程序命名的第一原则,要用最简短的字词最清楚地表达小程序的功能范围。一个好的小程序名字会自带流量,如果最恰当的名字已被注册,简单增删个别内容做类似命名也是允许的,另外,小程序还允许修改名称,如果确有需要,可做修改,不过从标识识别度的角度来说,要慎用改名权。

（2）标识应简洁且美观。小程序和公众号一样,打开后会首先看到一个标识,标识是一个小程序的形象代表,既代表了它的功能定位,也代表了它的审美倾向,因此,设计一个简洁美观且易于看懂的标识显得尤为重要。标识设计首先要考虑到小程序的基本用途,选用的基本构图元素要能体现出小程序的功能范围,其次要考虑到用户的审美需要,要在构图、用色等方面作慎重选择。

(3)页面应简约且友好。小程序的设计要符合大众审美需求,尽量做到简约,还要针对用户的基本需求,尽量做到友好。程序设计要简单,力求用户以最简单方法尽快进入,页面设计要简洁,力求用户以最快速度搞清楚功能分布,小程序的导航栏一般分为导航区、标题区和操作区,相关的内容布局和像素大小都要控制好,尽量减少用户的寻找和等待时间。

(4)功能应单一且齐全。小程序的特点是"小",一个小程序的容量也比较有限,不适合承载过多的功能。小程序的功能设计首先要集中,即针对某一领域开发的应用页面,其次要齐全,即关于这一领域的相关功能要尽可能齐全。一家商户所经营的内容是相对单一的,但与这个内容相关的流程是复杂的,一个小程序要尽量涵盖用户与商户关于这一内容的所有需要交流的领域,如信息咨询,商品预定,付款成功,售后服务等流程。

(5)推广应广泛且集中。小程序的推广途径比较多样,商家开发小程序之处需要通过各种途径进行广泛推广,比如通过好友和朋友圈的分享;通过微信群、QQ群等网络社交群进行扩散;通过微博、公众号、视频网站等新媒体平台进行宣传;通过上报刊或者墙体广告等传统媒介多做广告;通过开展优惠活动等各类线下营销活动进行展示,等等。当然,通过强大的功能让用户用口碑进行传播,才是最根本最有效的方法。

(6)沟通应及时且有效。小程序的主要功能是搭建商户与用户的沟通平台,因此,小程序应发挥出及时且有效的沟通功能。小程序设计之初,就要考虑到为用户留出易于查询、易于操作的沟通渠道,作为小程序的管理方,商户更应该加强沟通管理,做到随时可联系,联系有回应,回应有效果,只有有效满足用户的全方面需求,小程序的使用才能行稳致远,让商户和用户建立起常态化沟通渠道,体现出小程序虽"小",但功能强大的特点。

项目四　朋友圈营销

1. 什么是朋友圈

朋友圈一般指的是腾讯微信上的一个社交功能,于2012年4月19日上线,用户可以通过朋友圈发表文字和图片,同时可通过其他软件将文章或者音乐分享到朋友圈。用户可以对好友新发的照片进行"评论"或"赞",其他用户只能看相同好友的评论或点赞。朋友圈可以设置针对部分好友可见,也可以按照时间设置为三天可见、一月可见、半年可见等。

2. 朋友圈营销的优势

(1)扩散面较广。朋友圈是个多人可见的熟人空间,目前,每位微信用户最多可见5 000好友,这是一个庞大的群体。朋友圈每天可发的素材不限次数,可以高频率扩散不同的信息,另据微信创始人张小龙表示,朋友圈的打开率极高,平均每天有7.5亿人打开朋友圈,打开次数超过100亿,因此,如果有效经营,朋友圈是一个扩散面极广的营销场地。

(2)精准性高。如同微信群一样,朋友圈的可见人群一般是用心维护的客户或潜在客户,因此,通过朋友圈推送营销信息具有极强的精准性。微信好友具有分类功能,朋友圈的可见权限也可由用户自行设定,因此,分门别类地通过朋友圈对好友进行信息推送,不仅不会打扰到客户,而且使"一对多"的信息传送精准到人。

(3)信任度高。与微博等社交媒体相比,朋友圈其实是个私人圈子,非微信好友或是非经过允许的好友是无法看到朋友圈内容的。这种密闭空间一方面保证了信息推送的精准性,同时也提高了商户与用户之间的信任度。作为熟人圈子,读者对朋友圈的信息"知根知底",容易追踪更多资讯,也不会产生更多关于售后服务的担心,因此更容易对商户产生信任。

(4)形式多样。朋友圈不仅可以自己发表文字、图片、视频等信息形式,还可以从腾讯相关产品以及其他网络平台转发各种形式的信息,除此之外,朋友圈还支持推广门店、应用、游戏、公众号、小游戏乃至直接发放优惠券。多元化的信息推广形式不仅满足了商户的各种需求,同时也有利于提高用户的阅读兴趣,缓解用户的阅读疲劳,有利于营销信息有效地传播。

(5)易于传播。朋友圈的发文没有数量限制,并且朋友圈信息是一种不打扰别人的传播方式,他不会强迫对方阅读,也不会显示未阅读的提醒,只有读者主动浏览时才会被看到,因此,降低了信息传播成本的同时,也减少了对读者的打扰。朋友圈分享的各类链接都可以由他人直接转发或分享,易于扩大信息的影响力。值得提醒的是,朋友圈不仅可以展示商品信息,也可以通过各类活动信息引导客户关注更多信息平台,以此扩大与客户的交流渠道,开展更多方式的营销活动。

3. 朋友圈营销的策略

朋友圈形象要积极向上。以"朋友"的名义与客户做线上沟通,一定要注意塑造自己的形象,让客户通过各类朋友圈信息认识一个积极向上的你。不管是介绍个人产品,还是分享其他各类信息,都能折射出一个的喜好、品位和价值观,吸引粉丝的方式有很多,但是一个热爱生活、真诚友善、健康开朗、积极向上的人总是受欢迎的,通过各类信息传播正能量,塑造好形象,通过个人吸引力争取更多客户,是有效的方法,也是必要的方法。

(1)要分享,不要说教。很多人喜欢在朋友圈发布极具功利性的引导信息,通过各种说教给客户"洗脑",其实,在今天这样一个信息发达的时代,这种方法很容易招人反感。朋友圈实质是一个熟人间的生活圈子,要学会以平视的姿态将各类新闻、美文、美图等资讯单纯地分享给大家,在发这类信息时少与自己的产品做生硬地捆绑,没有人喜欢一个纯广告的信息空间,如果你的朋友圈是一个实用、有趣的各类信息集散地,而你的产品信息只是这个集散地的一小部分,那一定比一个满是推销信息的平台要更受欢迎。

(2)注重感情维系。作为"熟人圈子",朋友圈应该是有温度的。朋友圈和微信群营销一样,需要注重感情维系,朋友圈是在添加微信之后才可能看到的,因此,它比微信群里的成员关系更近。从添加好友,到朋友圈信息发布、留言回复等环节,要体现出"熟人"应有的交流方式,称呼要亲昵、互动要非官方,当然,维系感情的根本还体现在营销方式要亲民、产品服务要优质、售后沟通要周到等销售环节,只有双方基于信任的情感维系才能更有效地发挥微信这一沟通渠道的优势。

(3)互动要及时有效。朋友圈的互动首先包括两个方面,一个是对于客户在你朋友圈的留言要及时、有效地互动,一个是你对客户朋友圈的内容要及时、频繁地点赞、留言,以示你对他的关注和关心。其中第一个方面是最为重要的,不管是客户在你朋友圈关于商业的咨询,还是日常的关心,都一定要及时回复,并且回复内容不能客套空洞,对于咨询类的要实用有效,对于问候类的要走心用情。互动是积累感情、彼此信任的主要途径,也是保持关注、及时更新信息的重要方法,商户要主动出击、采取策略,营造互动的良好氛围。

(4)其他注意事项。朋友圈营销是需要不断扩大好友队伍,经常维护朋友圈信息的过程,因此还是有很多细节问题需要注意,比如你的微信名称和头像要注意与大众审美和社会主流价值观保持一致,另类的图文使用可能招致好友的抵触心理,进而影响营销的效果;刷屏频率要适当,不能毫无节制地根据自己的时间和需要不断发布信息,长期霸屏客户的朋友圈,长此以往,客户很可能选择屏蔽你的朋友圈甚至直接拉黑或删除好友,届时信息渠道关闭,就没有朋友圈营销可言了;另外,朋友圈发布信息也有时间上的讲究,任何一个群体都有浏览朋友圈相对集中的时间段,在把握好用户浏览时间规律的基础上合理安排已经编辑好的朋友圈内容,会事半功倍;朋友圈信息真实度的重要性不必多言,但如何让真实的信息艺术化地有趣传播,应该成为商户通过朋友圈开展营销的重要课题,要结合自己的产品,好好研究客户喜闻乐见的信息接收方式。

（5）基于微信团队的朋友圈营销。另有一种朋友圈营销是基于微信团队的,即通过微信团队在所有人的朋友圈植入广告性质的消息展示,这一种营销方式具有四个方面的优势,一是曝光度高,一旦通过这种方式投放营销消息,所有微信用户均可在朋友圈的页面看到,阅读量极高;二是数据报表精准,在微信团队的支持下,后台可以监控到广告曝光量、点击率、互动情况等等各方面的精准数据;三是投放对象精准度高,微信团队可以地域、性别、年龄段、爱好等个性化标签进行群体分类,并进行针对性广告投放;四是互动方便,由微信团队向所有微信用户投放的朋友圈信息可以向普通用户发布的信息一样,可点赞、可留言,互为好友的用户之间可以看到对方的点赞和留言,为商户和用户、用户与用户之间的沟通提供了便利。当然,基于微信团队的朋友前营销是一种商业广告模式,资源有限,且需要向微信团队支付一定的费用。

企业实战

任务一

了解并熟悉天柱山风景名胜区微信公众号、小程序、微信群,在本人朋友圈发布具有营销价值的文字、图片和视频。

任务二

了解并熟悉上海赛梦文化创意有限公司微信公众号、小程序、微信群,在本人朋友圈发布具有营销价值的文字、图片和视频。

任务三

了解并熟悉上海自在旅游观光巴士有限公司微信公众号、小程序、微信群,在本人朋友圈发布具有营销价值的文字、图片和视频。

学习小结

模块五　短视频营销

学习目标

☆知识目标　了解短视频在国内社交平台的现状,了解短视频旅游营销的特征和企业价值。

☆技能目标　掌握抖音旅游营销的四种原则;掌握快手旅游营销的具体策略;掌握哔哩哔哩旅游营销的方法和技巧。

理论知识

"短视频内容+社交"成为当前炙手可热的营销玩法,营销的内容和手段不断翻新。短视频营销兼具内容娱乐性及互动社交性,网络红人效应不断显现,短视频内容+红人生态的营销价值,吸引着不同个体、各类人群以及企业品牌做出更多营销预算倾斜的决策。

在中国,短视频应用程序产生于本世纪初,但在过去的几年中,随着越来越多的新消费者(称为 Z 年代)的普及,短视频的普及率呈爆炸式增长。这些新消费者被研究人员定义为从1990 年代中期到 2000 年代初出生的千禧年人口群体,他们从很小的时候就开始使用互联网,玩转智能手机上的流媒体视频,在网络上变得老练而精明。

据估计,观看少于 20 分钟短片的观众去年在中国达到了 2.42 亿。到 2019 年底,这一数字预计将达到 3.53 亿,超过美国人口的总数。

中国三大互联网公司:百度、腾讯控股和拥有《南华早报》的阿里巴巴集团,都在短视频市场上与规模较小但发展迅速的公司竞争。大陆的各界名人也加入短视频用户大军,与粉丝进行互动。而许多 Z 年代消费者都采用这种方式来表达自己的观点。退休人员和中国农村地区的人也来凑热闹,分享他们短视频的热情。他们觉得观看和制作短片是一种消遣。短视频应用程序的开发人员为了迎合普通大众的口味,让任何人都可以轻松使用过滤器和编辑工具,完成在线发布和剪辑视频。

谁是对视频的观众? 很显然,中国的短视频应用的主要用户是年轻人。他们大多数属于 90 年代后一代。根据某大数据提供商的最新的报告,年龄在 16~25 之间的用户占总数的39.7%,而年龄在 26~35 之间的用户则占 33.3%。同时,超过一半的用户是女性,占用户总数的 69.4%。就地区而言,占总数的 66.9%来自中国的三线及三线以下城市。观看人数排名前三的省份是广东、河南和山东。

由于多种原因,短视频正成为品牌最喜欢的营销工具。短片可用于各种类型的宣传材料,例如产品评论、产品播种、品牌文化推广等。短片具有趣味和意义的内容,可以向目标受众群体传达特定的品牌信息,同时避免长片可能带来的烦恼。短片的制作周期很快,而且具有很大的灵活性,可与品牌的营销计划和预算配合使用。通过与短视频观众的互动,品牌可以更好地了解他们的喜好,快速改善他们用户的体验,并迅速提出有效的营销计划。在短视频平台上启动的集成广告系列可以具有创意性和多样性。

企业品牌计划在短视频平台上开设正式账户,开展营销活动时,需要牢记以下几点:

短片更适合旅游类别的企业。根据用户的特征(大多数用户是年轻人),通过短视频平台启动广告系列之前,企业首先需要选择最适合自己的广告系列。总体而言,根据其庞大的用户群和人气,推荐抖音等。内容要考量用户的爱好和内容的创意性。内容质量是营销活动有效性的关键。企业还可以使用短视频平台来刷新形象,发布促销信息,管理客户关系,进行市场研究,应对公关危机等。为了刺激用户主动参与创作与分享,企业必须建立起依托短视频生态的社交关系链条,聚拢起属于自己的"粉丝",通过热点话题的造势积累热度,既要带动短期流量,也可依靠用户的自主二次传播产生病毒效应。如果旅游企业产品想在短时间内形成消费者记忆,只能多频次,做直白露出,以及用段子式的搞笑手法放大产品感知。

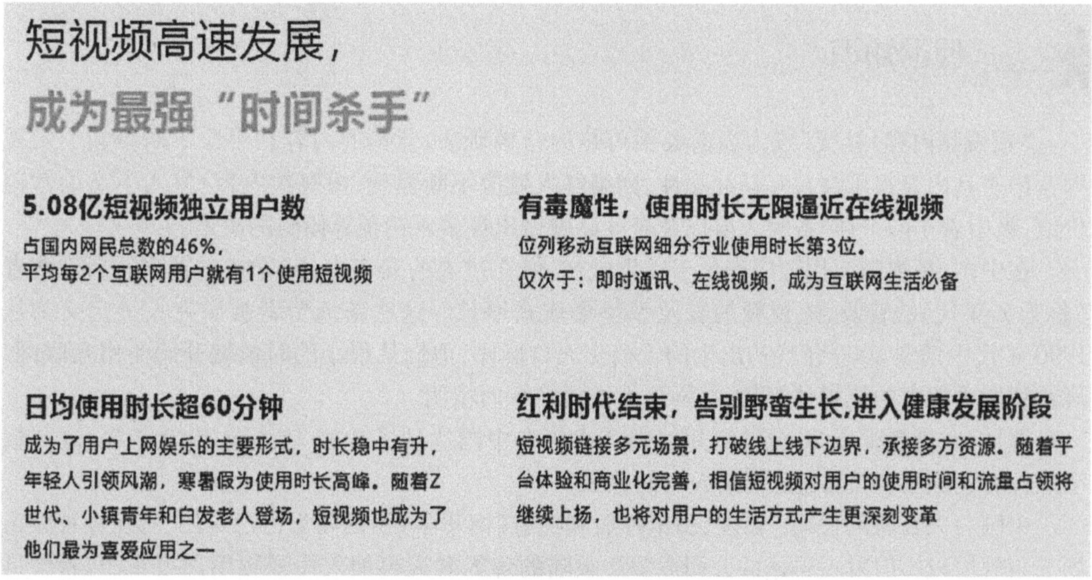

短视频高速发展,
成为最强"时间杀手"

5.08亿短视频独立用户数
占国内网民总数的46%,
平均每2个互联网用户就有1个使用短视频

有毒魔性,使用时长无限逼近在线视频
位列移动互联网细分行业使用时长第3位。
仅次于:即时通讯、在线视频,成为互联网生活必备

日均使用时长超60分钟
成为了用户上网娱乐的主要形式,时长稳中有升,年轻人引领风潮,寒暑假为使用时长高峰。随着Z世代、小镇青年和白发老人登场,短视频也成为了他们最为喜爱应用之一

红利时代结束,告别野蛮生长,进入健康发展阶段
短视频链接多元场景,打破线上线下边界,承接多方资源。随着平台体验和商业化完善,相信短视频对用户的使用时间和流量占领将继续上扬,也将对用户的生活方式产生更深刻变革

图 5.1　短视频的高速发展

(资料来源:卡思数据 www.caasdata.com.)

项目一　抖音旅游营销

截至 2019 年 7 月,抖音的每日活跃用户超过 3.2 亿,其中,2019 年上半年内增长了 7 000 万。2020 年,抖音被美国政府宣布禁用,从另一个层面为抖音做了一次软广告。庞大的流量优势早已让这里成为不少品牌进行短视频营销的优先选择。而随着抖音近几年的发展,其不断完善的 KOL 生态也让这里形成了独特的短视频营销氛围。抖音火爆关键在于其带动了受众群体对内容的"共创",他们愿意为了自己的"创作"去分享,这样就充分调动了受众的参与度,让受众成为信息生产者的同时也成为传播者。两者形成合力,互为促进。

抖音能在中国的 Z 年代消费者中迅速普及,原因是它使用户易于创建和共享音乐视频。音乐是许多年轻人的重要爱好和耍酷技能。抖音提供了功能强大且易于使用的编辑工具,可为视频添加动听的音乐和特殊效果。抖音的大多数用户都在 24 岁以下,居住在北京等一线城市以及哈尔滨和合肥等二线城市。短视频营销应该考虑用户的地理特征。

进入短视频市场的品牌如雨后春笋,但与其他短视频阵地相比,抖音在把握年轻人的碎片化时间上具备显著优势。在视频制作和发布功能和使用技巧方面跑在前列。那些大量需要融入年轻社群、贴合年轻人价值来塑造形象的品牌,都热衷在这里开疆拓土。无数企业和广告主选择自建抖音账号,以融入其内容生态,通过与年轻人一起创造内容,抢占市场份额。同时,在抖音强势的算法分发下,平台对于品牌的定向传播诉求具备较强的把控力和领导力,从而增强了相互黏性。各类 KOL 在追求对应人群的广泛传播时,只要依托于有价值的内容,便能够打造出良好的效果。而这里具备的强大内容共创氛围也让用户主动性增强,对于品牌植入的接受度提高,提升了营销的有效触达。

旅游企业宜在抖音上更适合做"品牌"推广,强调品牌理念、品牌价值输出,通过联合多类型 KOL 众包创意,深度种草用户;在快手上宜做"转化",营销策略应接地气,通过与用户"平等对话",来激活独具魅力的"老铁经济"。

1. 优质刺激的内容

优质内容是抖音的核心竞争力。文化旅游类视频内容的优质体现为两点:首先,文旅产业本身极具特色、多元融合、妙趣横生。抖音的"抖"来自软件内嵌的丰富特效,抖音的"音"体现为供用户选择的海量"神曲",由此制作出的作品大多具有节奏感强和魔性十足的特点,给人以酷、炫、潮的感觉。其次,在抖音上,企业和用户可以把科技元素、艺术元素与文旅场景相融合,这样使视频极具艺术感、创新感和现场感。

2. 精准契合的用户

与其他短视频平台不同,抖音不仅是短视频生产和分享平台,还是粉丝社群的社交平台。抖音鲜明的产品特征令其收获了目标用户市场,主要为一二线城市居民,其中又以女性和年轻人居多。一方面,他们通过拍摄和上传短视频来吸引关注,同时带动"抖友"之间的视频创意比拼。相比传统营销模式,动态的短视频社交模式呈现出更强的交互性和参与性。在文化旅游类视频里,用户能够更加生动直观地了解文旅产业,相比图文信息更加真实。

另一方面,观赏视频的"抖友"可以在评论区与播主进行充分互动。播主和用户不再只满足与发布和观看短视频,而是直接在视频上见面,这样直播便应运而生。评论是抖音极其重要的组成部分,"抖友"会对视频内容和质量进行点评,也会对点评进行点赞和点评,交流各自体验和观点等。评论区的互动不仅具有第三方推荐的信任优势,而且让评论本身成为优质的体验内容。同时,基于对抖音平台的认同感和归属感,"抖友"会把去网红景点"打卡"当成一种义务,并且发布到其他社交媒体。

3. 共生共赢的机制

在文旅营销场景下,利益相关者包括抖音运营方、文旅产业、播主及观赏用户。在抖音平台上,所有参与者均能满足自身需求并创造互补性价值。观赏用户在免费观看视频和参与互动的过程中贡献了自己的时间和注意力,从而创造了流量;播主为抖音提供视频内容和吸引流量,因而自己成为关注焦点而获得心理满足感;运营初期平台会对提供优质内容的播主给予一定补贴,而对于粉丝量达到十万甚至百万级别的"大咖号",还可以选择与商家合作寻求流量变现;文旅产业成为"网红"后,游客量和旅游收入显著增加,平台运营方也将获得不菲的投资和广告收入。

4. 缩短传播周期

目前抖音与文旅融合逐渐进入更为成熟的新阶段。"抖音+"已成为一种自带流量、自带粉丝、自带传播的 IP，通过抖音拍摄短视频可以放大文旅产业的核心优势，已经成为新的口碑传播渠道。按照传统思维，文旅产业推出一个新产品，至少需要提前一个月的时间进行营销宣传与推广，但是抖音却能够在短时间内将新开发的文旅产品瞬间爆发出来，并且费用也能节约不少。

项目二　快手旅游营销

"快手"由企业家徐华于 2011 年成立，并在腾讯的支持下，是一个视频共享和实时流媒体平台。该平台因特技表演和恶作剧的用户而闻名。"快手"通过特殊人群在大城市以外的小城镇获得普遍应用，吸引了大批年轻观众。该企业总部位于北京，快手利用人工智能将视频推荐给订户，近期快手打击被主流认为不适当的内容。国家相关网络生态规则出台后，快手的短视频更加"干净"。快手营销的具体策略如下。

1. 主动加强用户和品牌的互动

根据自身产品属性和浏览快手的人群的不同，营销的定位也各不相同。由于用户一般利用碎片化的时间去浏览短视频，并频繁地去使用，这样，用户就对整个平台产生了一定的依赖性和黏性。因此品牌主可以主动投放开机广告，信息流广告来触达目标受众，打造强曝光，这种营销方法简单粗暴，但效果比较明显，使用这种硬广告的形式能实现更大的传播效应。在利用明星、网红、KOL 强势种草后，为品牌提供"与消费者玩在一起"的入口，品牌发起挑战赛，带动用户广泛参与。

2. 打造 KOL 爆款内容

快手的用户黏性高，有利于让不同圈层中的 KOL 利用自身的话语权和影响力，构建社交经济的核心，将好物分享和推荐给用户，一般情况，用户对他们的信任度也极高，因此便会主动去推广产品，提升了品牌商与用户之间的紧密程度，同时还实现了营销的转化。

一般而言，打造爆款内容之前应该做好市场分析，然后分析市场上的竞品特点，研发新品，突出自身差异化特点。接下来对受众进行分析，了解受众画像特征。最后一步就是做直通车测品、加购收藏率来测款和关联测品。

3. 利用工具产品

如果要让快手上的用户对平台产生信任感，就需要使发布的内容具有真实性和社交黏性。所以，利用快手平台上推出的多种工具或运营产品，为品牌主自然铺设转化路径，让那些具有强烈购买意图的受众实现更加精准的转化。快手的信息架构脉络清晰，简洁轻便，而且首页的"关注、发现、同城"这 3 个标签从 2013 年 10 月转型短视频以来一直没有改变。将浏览视频的高频需求直接放在一级入口，将私信，个人设置等低频需求隐藏在二级甚至三级入口，这种设置对于快手的用户群无疑是友好的。

4. 找准时间窗口

从营销漏斗模型可以知道，漏斗的五层对应了企业搜索营销的各个环节，反映了从展现、点击、访问、咨询，直到生成订单过程中的客户数量及流失。从最大的展现量到最小的订单量，这个一层层缩小的过程表示不断有客户因为各种原因离开，对企业失去兴趣或放弃购买。在虚拟世界,漏斗模型同样适用,用户在消费视频场景中会经历认知、考虑、偏好、购买的阶段,面对一个产品的广告时,多数的用户都会处于考虑阶段,并不会去立刻购买,因为他们所关注的是产品的评价。这个时候找准事件窗口,增加真实的社交声音,这样更容易获得用户的信任,从而实现转化。

项目三　哔哩哔哩营销

互联网的高速发展为哔哩哔哩短视频的产生提供了广阔的背景,虽然此类短视频发展较晚,但速度惊人。年轻人历来是主流文化实施权利的重点对象。哔哩哔哩短视频同样经历了主流文化对青年亚文化的收编。它建立的初衷是为了让喜欢二次元的小伙伴有一个"家",可以流畅无广告地看各种番剧,上传各种有趣的二次元视屏,营造一个二次元用户喜爱的网站。在该短视频发展壮大的过程中,新的元素越来越多,网站规模的壮大加上现代潮流文化趋势,使得直播平台顺利开展。

1. 哔哩哔哩的特征

哔哩哔哩(英文名称:bilibili,简称 B 站),现为国内领先的年轻人潮流娱乐文化社区,该网站于 2009 年 6 月 26 日创建,被粉丝们亲切地称为"B 站"。发展至 2019 年,B 站已经成为中国最大的年轻人文化圣地之一,每个月有 1.1 亿用户在这里活跃。B 站不仅是众多年轻人展示自己的创意和才华的平台,更有许多年轻人在 B 站上观看自己喜欢的视频,了解自己不曾涉猎的但却想了解的领域,生活也因此变得多姿多彩。

B 站的特色是悬浮于视频上方的实时评论功能,爱好者称其为"弹幕",这种独特的视频体验让基于互联网的弹幕能够超越时空限制,构建出一种奇妙的共时性的关系,形成一种虚拟的部落式观影氛围,让 B 站成为极具互动分享和二次创造的文化社区。B 站目前也是众多网络热门词汇的发源地之一。如:二次元、Z 年代、Vlog、弹幕、二创、鬼畜、鸡你太美等。根据数据公司 QuestMobile 发布的《移动互联网 2017 年 Q2 夏季报告》,B 站位列 24 岁及以下年轻用户偏爱的十大 APP 榜首。

(1) B 站的原创性。B 站作为时下最为火热的互动视频交易社区,吸引了众多的年轻人的参与。UP 主原创投稿一直是 B 站的一大特色和优势,投稿的类型以动画番剧、音乐、舞蹈和游戏为主、数据显示,B 站有 70% 的流量来自 UP 主。截至 2018 年,B 站累计了 180 万名 UP 主以及 1 800 万余原创视频。

(2) 开放包容性。因为原创的大量人员进入,来自不同领域的 UP 主都可以根据自己的想法进行视频或文章的创作发表,无论你的兴趣有多么的小众,依旧能够找到与你有同样兴趣的好友。

(3) 互动沉浸感。B 站为 UP 主和观看者之间搭建了许多沟通的桥梁,无论是弹幕和评论,抑或是私信,都使得 UP 主与观看者之间能够形成良好有效的沟通渠道,既能激励 UP 主精进能力又能够提高观看者的参与度。

(4) 业务结构调整——去游戏化。B 站虽始于动漫,一直以来的吸金主力是游戏业务,但大部分游戏业务来自代运营和联运游戏。直播与广告业务起步较晚,所占比重较小。B 站经过策略调整,近几年业务结构正在变得合理,直播及增值服务、广告、电商等业务的比重也在逐渐提升。2019 年一季度,游戏收入仍是 B 站的重头戏,占总营收 64%,直播与广告分别占比

21%和8%。

（5）重视发展 Vlog。随着自媒体的发展和未来5G应用落地，Vlog 用户的规模增长前景可观。据调查显示，2019年中国 Vlog 用户规模达 2.49 亿人。在各大资本持续推动下，Vlog 无疑将是内容创造的下一风口。B 站作为中国版"YouTube"，是人们发表 Vlog 最好的平台。

➤ 注重 UP 主的收益

早在 UP 主生态初现的时候，B 站就希望改善 UP 主的创作环境，提供更好的创作条件，2016年推出的充电计划本质上就是一种符合 B 站社区的打赏形式，不过由于它完全取决于粉丝的意愿，不能成为创作者稳定的收入来源。在 2017 年，B 站推出了绿洲计划，为 UP 主提供一个与广告主对接的平台，保障有一定品牌性 UP 主的可持续收入。2018年初，B 站考虑到不仅让头部 UP 主受益，也希望鼓励更多创作者持续创作，推出了创作激励计划。

随着 B 站持续推行原创内容扶持策略及优化内容算法，社区月均活跃 UP 主数量及其投稿量实现了同比 150%和 130%的高速增长。2019年1月，B 站还首度举行了"BILIBILIPOWER UP 2018"年度 UP 主颁奖，从多维度鼓励 UP 主的优质内容创作。

2. B 站营销技巧及策略

（1）用户会员准入制度。B 站一大特色就是会员制度。2009年至2013年5月，B 站开放注册日只有13天，即只有13次注册机会。2013年5月20日后彻底开放，新注册用户等级称号为"注册用户"，之前注册用户等级称号升级为"正式用户"，使用权限高，例如可以发布高级弹幕，进行评论、评分和上传视频等。注册用户若想成为正式用户，可通过由注册三个月以上正式会员使用邀请码来获得正式会员的权限，或者通过答题（每题1分，60分以上）获得。这100个选择题主要以"御宅"知识为主，混有电脑、文学、历史、化学、音乐等知识，涉及范围极广，其难度之高被网友封为"中国御宅学高考"。通过答题而成为会员的用户，对此极为珍惜。发展到目前，正式会员还可以通过升级成为大会员来观看 VIP 动漫、漫画或获得高清画质等功能。

（2）用户承包制度。B 站的"新番承包计划"，即花费 B 币来表达对新番的喜爱和支持，最低限额为1B币（B 站虚拟货币，和人民币的兑换比例是1∶1），供广大用户自愿自主选择，对自己感兴趣的正版内容进行"承包"，数额可自行选择。无论是否参与"新番承包计划"，用户都可以正常地观看不含有视频贴片广告的版权内容，不以任何方式强制或规定。承包制实施后，B 站二次元中深度爱好者愿意花费 B 币来支持自己喜欢的动漫，此外还能用承包排行榜来炫耀，达到身份认可的满足。承包制能够较为持续地吸金，使得网站可以不放广告贴片。

（3）精准个性化推广。B 站在推广网站内容时，强调与主流文化对接融合，创造出对于用户有价值的东西，并且都能从用户那里得到价值反馈。

在没有互联网的时代，大部分开支是获取信息。但 B 站可以从用户信息那里直观统计其消费倾向。通过内容筛选条件，推送更富有个性化服务基础的衍生产品。根据资料显示，中国至少有一半动漫爱好者上 B 站，其细分的爱好倾向使得 B 站推荐的游戏等内容的精准性和成功率会高很多。B 站已经是当前中国最大的二次元动漫游戏发行平台。良好的市场基础也让传统文化产品更愿意和 B 站形成深度合作。对于一部动漫电影而言，他们更愿意到 B 站上来联合制作、出品和推广，开展文创作品周边衍生业务和线下活动业务，这也是未来 B 站的主要运营方向。

目前，B站正在加大对国内动漫的支持力度，B站和文化部合作在日本投资制作相关影片。这是中国公司第一次大规模进驻日本动画制作委员会，在三年前这是不可想象的；更重要的是，B站正在加大力度培养中国的二次元创意群体，通过线上线下共同打造二次元年轻人社区，串联他们的需求布局，形成完整的创新创业生态链。

3. 营销误区与建议

（1）营销不是单纯地投放广告，而是要以内容为王。B站的用户基本上都是Z年代，营销的受众也是Z年代，他们不喜欢甚至厌恶视频中的生搬硬套的广告，比如在观看视频的过程中突然插入广告，与视频内容毫无关联度和衔接点，既没有使观看者产生情感共鸣，又扰乱了观看者的心情。这样的广告植入既耗费人力、物力和财力，又不能达到企业的营销愿景。

B站副总裁刘曦认为，Z年代决定品牌创变的壁垒，内容是未来销售升级的重要驱动力。所以，内容营销是未来B站营销的重要方式。美国内容营销协会把内容营销界定为一种营销和商业过程，而且是通过制作和发布有价值与有吸引力的内容来获取和聚集明确界定的目标人群，最终使这些人产生消费转化，带来收益的营销和商业过程。内容营销关键在于打造与消费者相匹配的内容，并引发消费者的参与，建立产品与消费者之间的情感链接，在互动中实现产品内容的有效输出，并建立和完善产品的品牌。

真正打造适合年轻人的B站营销策略，并非只是一味讨好或者生搬硬套，而是真正融入他们的文化语言，用他们的兴趣和视角来沟通。正是了解到年轻一代对传统广告的排斥和敏感，B站上的营销活动设计从来不走套路，而是充满了自身的文化特点。未来品牌如何在年轻用户中实现自身的产品和触及，以及如何利用年轻人的独特文化和表达价值，实现更多元和更新潮的玩法，包括原创力、鉴赏力和感染力三个方面。

（2）作品不注重原创力、鉴赏力和感染力。B站是一个造梗的平台，都是年轻人懂的梗。对于传统品牌而言，发布的内容若比较严肃，通常是无法与B站用户进行有效沟通的。营销的效果是，要和年轻人达成共识，和他们玩在一起。营销的内容首先要通过年轻人的语言关，然后用原创的力量与弹幕的互动让用户沉浸于视频内容，弹幕通常是作为用户评论视频用的，品牌方可以借助弹幕有效引导用户的评论气氛，让品牌内容与用户形成强互动，进而用极具娱乐和趣味的方式表达产品的核心吸引力。

B站拥有15个分区和7 000多个文化圈层，年轻用户具有广泛的兴趣爱好，并且表现出了极高的鉴赏力。所以品牌创作的内容也要符合用户的鉴赏力，跟得上用户世界的潮流与爆点，才能抓得住用户的眼球。通过文化共创，牢牢占领年轻人的心智，增加用户黏性。

B站的内容营销要做到有感染力，要通过能够点燃年轻人热情的内容，来利用年轻人的热情极具感染力这一点，为什么年轻人的热情这么有感染力？当他们认可的价值观相同时，他们会不遗余力地去热爱。这样的热爱经过新媒体时代的发酵，就是IP。一个旅游目的地有了IP，就能产生极大的经济效益，达到企业的营销愿景。B站作为年轻人的网络文化阵地，势必会成为以后品牌营销的必争之地。对于品牌方而言，如何制作优质且吸引用户的内容，让用户爱上广告，将是B站营销的关键。

B站的用户具有明显的集群区别，首先，他们大多是年轻人，其次他们具有不同的兴趣爱好，如二次元、旅游、游戏等。那么，做B站的旅游目的地营销时，定位不能太过大众化，而是要精准的市场定位。利用B站的用户个性化功能，即可以在用户的视频首页上推送给用户可能感兴趣的视频，利用这一点可以找到品牌方具有潜力的目标群体，精准投放自己的营销内容。

　　品牌方应当放下身段,做到真正平等地与用户对话。不是做用户的金主爸爸,而是朋友或CP。真正和年轻人做朋友,懂他们,说他们的语言,在他们喜欢的场景下采用良心合作的营销模式。

企业实战

任务一

根据天柱山风景名胜区新媒体运营情况,创建百度贴吧/天涯论坛旅游栏目/知乎旅游栏目发帖推广,具体要求和评价由企业公布。

任务二

根据上海赛梦文化创意有限公司新媒体运营情况,创建百度贴吧/天涯论坛旅游栏目/知乎旅游栏目发帖推广,具体要求和评价由企业公布。

任务三

根据上海自在旅游观光巴士有限公司新媒体运营情况,创建百度贴吧/天涯论坛旅游栏目/知乎旅游栏目发帖推广,具体要求和评价由企业公布。

学习小结

模块六　博客和微博营销

学习目标

☆知识目标　了解博客的含义；了解微博的含义；了解博客营销概况；了解微博营销特点。
☆技能目标　掌握博客营销策略；掌握微博营销技巧。

理论知识

博客英文名为 Blogger，为 Web Log 的混成词。它的正式名称为网络日记；又音译为部落格或部落阁等，在网络上出版、发表和张贴个人文章的人，或者是一种通常由个人管理、不定期张贴新的文章的网站。下面是 10 个比较好用的博客平台：WordPress.org；Wix；wordpress.com；Blogger；Tumblr；Medium；Squarespace；Joomla；Ghost；Weebly。

微博是指一种基于用户关系信息分享、传播以及获取的通过关注机制分享简短实时信息的广播式的社交媒体和网络平台。知名的微博平台是 Twitter，它是微博类的鼻祖，国内所有微博的都是山寨版的 Twitter。新浪微博是由新浪网推出，提供微型博客的服务网站。新浪微博以名人效应拉动。用户可以通过网页、移动端等发布文字、图片和链接视频，实现即时分享。腾讯微博限制字数为 140 字，有私信功能，支持网页、客户端、手机平台，支持对话和转播，并具备图片上传和视频分享等功能。此外还有网易微博和搜狐微博。

博客营销与微博营销存在本质区别。首先是信息源的表现形式差异。博客营销以博客文章的价值为基础，每篇博客文章表现为独立的一个网页，因此对内容的数量和质量有一定要求。微博内容则短小精炼，重点在于表达现在发生了什么有趣(有价值)的事情，而不是系统全面介绍和阐述事件。其次，两者传播模式的差异。微博注重时效性，同时，微博的传播渠道除了相互关注的好友(粉丝)直接浏览之外，还可以通过好友的转发向更多的人群传播。博客营销除了用户直接进入网站或者 RSS 订阅浏览之外，往往还可以通过搜索引擎搜索获得持续的浏览，博客可以获得多个渠道用户的长期关注。第三，用户获取信息及行为的差异。用户可以利用电脑、手机等多种终端方便地获取微博信息，碎片化时间和碎片信息使得用户通常不会立即做出某种购买决策或者其他转化行为。所以，如果硬性推广，结果只能适得其反。总之，博客营销以信息源的价值为核心，主要体现信息本身的价值；微博营销以信息源的发布者为核心，体现了人的核心地位，博客营销可以依靠个人的力量，而微博营销则要依赖社会网络资源。因此，中小企业在微博和博客上都要进行营销，相互取长补短。

项目一 博 客 营 销

1. 博客营销概述

博客是一个网站,是一个新型的个人互联网信息出版的工具,是网站应用的一种新方式,它为每一个人提供了一个信息发布和知识交流的传播平台。博主可以很方便地用文字、链接、影音和图片等多种形式建立起自己个性化的网络世界。一般来说,博客内容发布在博客托管网站上,这些网站往往拥有大量的用户群体,每一篇有价值的博客内容都会吸引网站内外大量潜在用户浏览,从而达到向潜在用户传递营销信息的目的。博客营销就是利用博客这种网络应用形式开展网络营销。博客营销是内容营销的形式之一,是以博客文章为基础的内容营销模式,通过增加企业信息的网络可见度来实现品牌和产品服务的推广,其实质就是以知识信息为载体附带一定量的营销信息。

2. 博客营销特点

博客是一个信息发布和传递的工具。博客是传递网络营销信息的作用,这是认识博客营销的基础。网络营销信息传递实际上也是整个网络营销活动的基础。博客文章的内容题材和发布方式更为灵活。专业的博客网站用户数量大,有价值的文章通常更容易迅速获得大量用户的关注,从而更具有营销价值,超出一般的企业网站。

博客传播具有更大的自主性和自由度,一般而言,没有发布次数限制,微信公众号除外,并且无须直接费用。博客的信息传递无须直接费用,这是最低成本的推广方式。博客的信息量较大,表现形式灵活。博客文章的信息量可大可小,完全取决于博主对某个问题描写的需要以及企业的营销策略。博客文章并不是简单的广告信息,实际上,纯粹的广告信息发布在博客网站上并不产生宣传的效果。企业博客文章是一种公关方式,只是这种公关方式完全是有企业自行操作的,而无须借助于公关公司和其他媒体。

博客文章比较正式,更容易让用户信任。每一篇博客文章都是一个独立的网页,它产生的价值在于博客文章很容易被搜索引擎收录和检索,这样使得博客文章具有长期被用户发现和阅读的机会。论坛和社区的文章读者数量通常比较少,而且很难持久,几天后可能已经被信息覆盖和被人忘记。博客营销比社区论坛营销更具有优势。

3. 博客营销优势

博客可以直接带来潜在用户,创造营销环境。博客内容发布在博客托管网站上,这些网站往往拥有大量的用户群体,有价值的博客内容会吸引大量潜在用户浏览,从而达到向潜在用户传递营销信息的目的。用这种方式开展网络营销,是博客营销的基本形式,也是博客营销最直接的价值表现。如果在门户网站、行业网站开免费博客也降低了推广成本,对于搜索引擎来说更爱收录原创内容,这样也增加了企业在网络上的曝光率,博客成了建立企业、网站品牌的理想途径之一。企业开博客有意无意地架起了沟通网络公众和企业之间的无障碍桥梁。托管网站和自建网站共同作用,博客营销的用户量会不断累积。

博客营销的价值体现在降低企业网站推广费用方面。网站推广是企业网络营销工作的基础。目前,大量的企业网站建成之后,都缺乏有效的管理和推广措施,除了企业员工浏览外,网站访问量很低,降低了网站的实际价值。博客成为网站推广的有力工具。推广的方式是在博客内容中适当加入企业网站的信息,例如企业热门产品和服务的链接,在线优惠券下载网址链接等等,达到网站推广的目的。这样的"博客推广"是低成本的网站推广方法,降低了一般付费推广的费用,同时在不增加网站推广费用的情况下,提升了网站的访问量。

博客文章内容为用户通过搜索引擎获取信息提供了机会。用户在第一次接触企业产品和服务时,通常是在搜索引擎上搜索。如果企业产品不仅存在于企业官网,而且在多种博客上出现,增加曝光,从而也增加了信任。多渠道信息传递成为网络营销取得成效的根本保证。具有营销目的的博客文章,可以增加用户通过搜索引擎发现企业产品和服务信息的机会。一般来说,访问量较大的博客网站比一般企业网站的搜索引擎友好性更好,潜在顾客可以比较方便地通过搜索引擎首先发现这些企业博客内容,而不是网站。这里所谓搜索关键字的曝光,也就是让尽可能多的网页被主要搜索引擎收录,并且当用户利用相关的关键词检索时,这些网页出现的位置和摘要信息更容易引起用户的注意,这样,博客文章成为桥梁,完成利用搜索引擎推广网站的目的。博客文章内容不仅要有企业网站标题关键字,还要有企业网站的链接。用户点击网站的链接是一种常用的网站推广方式,但是当一个企业网站知名度不高且访问量较低时,通过博客文章为本公司的网站做链接则是顺理成章的事情。

博客成为了解用户意见的最佳渠道。当博客内容比较受欢迎时,博客网站也成为与用户交流的场所,用户有什么问题可以在博客文章中提出,也可以发表评论,从而更好地了解用户对博客文章内容的看法,作者也可以回复读者的评论。此外,也可以在博客文章中设置在线调查表的链接,鼓励有兴趣的读者参与产品和服务调查,这样扩大了网站上在线调查表的投放范围,同时还可以直接就调查中的问题与用户进行交流,使得在线调查更有交互性,其结果是提高了在线调查的效果,也就意味着降低了调查研究的费用。

博客是建立产品和服务传播的理想途径之一。作为个人博客,如果想成为某一领域的专家,最好的方法之一就是建立自己的BLOG。对企业博客也是同样的道理,只要坚持对某一领域的深度研究,并加强与用户的多层面交流,对于获得用户的品牌认可和忠诚提供了有效的途径。无论是个人还是企业,日积月累的博客文章所营造的信息资源将带来可观的访问量,在这些信息资源中,也包括有价值的文章、网站链接、实用工具等,这些资源为个人和企业持续不断地写作更多的文章提高很好的基础,这样形成良性循环。这种资源的积累实际上并不需要多少投入,但其回报却是可观的。

博客让营销人员自主发布信息,不再被动受到传统媒体限制。在传统的营销模式下,企业营销往往需要依赖媒体来发布企业信息,费时费力,不仅受到较大局限,而且费用相对较高。当企业营销人员拥有自己的博客园地之后,他们可以随时发布所有想发布的信息!只要这些信息没有违反网络相关规定,没有遭到用户举报,就可以一直存在。博客的出现影响了营销人员的观念和营销方式,博客授予每个企业和每个个人自由发布信息的权力。是否能有效地利用这一优势为企业营销战略服务取决于市场人员的知识背景和对博客营销的应用能力等因素。

4. 博客营销模式和操作方式

在博客网站上直接做广告。企业广告的设计要把博客广告考虑进去,要让博客成为广告对话的一部分。第二种模式是发表专业产品和服务文章。专业文章要对产品进行知识点诠释,用来和公众沟通,并树立权威感。第三种模式是博客营销的专业化,即打造博客营销团队。通过团队运营,发布博客日记,来影响主流媒体的报道。

企业应该每日专人监测博客网站。通过监测博客网站,及时发觉博客世界当前谈论最多的公司或时下民众最关注的话题,为潜在的公关危机做好准备。

5. 博客营销策略

选择博客托管网站、注册博客账号。目前,比较好的博客托管网站是 wordpress.com,drupal,joomla 和 wix。自托管的 WordPress 可以提供高度灵活和可定制的平台来供你创建网站。由于它是一个开源平台,所以你可以进行随意的自定义,使其能适合托管内容日益丰富的博客。Drupal 是另外一个鼎鼎大名的自托管平台。它是一个开源的解决方案,支撑了政府和高校诸多很受欢迎的站点,对于普通的博客而言它也是一个好的选择。Joomla! 是一个非常轻量级的平台,它内置了缓存功能,可以快速地加载网站。主要特征是:可通过扩展功能来增强网站的功能;内置缓存和搜索引擎优化(SEO 功能);可以直观的仪表板快速地编辑博客内容。

选择功能完善稳定和适合企业自身发展的博客系统,进行博客营销,并获得发布博客文章的资格。基本原则是应选择访问量比较大而且知名度较高的博客托管网站,了解这一点,可以根据全球网站排名系统等信息进行选择判断。选择博客托管,不仅要考虑其访问量而且还要考虑其在该领域的影响力,只有影响力较高的博客托管网站,其博客内容的可信度也相应较高。

发布内容优秀的博客。在营销的初始阶段,用博客来传播企业信息首要条件是拥有具有良好写作能力的博客主。博客主在发布热门话题的评论等信息的同时,可附带企业文化、产品品牌等,如果发布文章的博客是在某领域有一定影响力的人物,那么文章更容易引起关注,吸引大量潜在用户浏览。通过个人博客文章内容为读者提供了了解企业信息的机会。因此博客需要以良好的文字表达能力,优质的版面设计,从字体大小到颜色色调等都要做到专业和优秀。

坚持博客的定期更新,不断完善。企业应坚持长期利用博客,最好,除了有专人和部门负责运营博客,还要发动部分员工加入进来,不断的更换其内容,这样才能发挥其长久的价值和应有的作用,引更多的读者。为了创造企业良好的博客文化和环境,企业应采用合理的激励机制,激发博客的写作热情,促使企业博客们有持续的创造力和写热情。鼓励员工在正常工作之外的个人活动中坚持发布有益于公司的博客文章,这样经过长期的积累,网络上的企业产品和服务信息会越积越多,被潜在用户发现的机会也就大大增加了。

协调好个人营销策略与企业整体营销策略之间的矛盾。从事博客写作的往往是个人,但网络营销活动是属于企业营销活动。因此,企业应该设立专门部门和人员,定期培训和策划方案。处理好博客营销出现的个人与企业两者之间的关系。如果所有博客所写的文章都千篇一律,那么博客文章就失去了其个性特色,也就很难达到营销的效果,从而失去了信息传播的意义。从另一个角度来看,如果博客文章只发布个人看法,甚至与企业立场相左,那么企业营销的效果会大打折扣。因此,企业应该定期培训,制定相应的策略方案,每个博客主所写的东西既要反映企业,又要保持自己的观点性和信息传播性。这样才会获得潜在用户的关注。

当企业和品牌发展壮大时,应该建立自己的博客系统。在企业博客营销方面开展得比较成功时,应该创建自己的服务器,建立自己的博客系统,并向员工、客户以及其他外来者开放。因为,博客托管网站的服务是免费的服务。所以,服务方是不承担任何责任的,服务是没有保障的,如果中断服务,企业通过博客积累的大量资源将可能毁于一旦。当企业拥有自己的博客系统,则可以由专人管理,定时备份,从而保障博客网站的稳定性和安全性。此外,企业还可以开放博客系统,吸引更多同行、客户来申请和建立自己的博客,使更多的人加入企业的博客宣传队伍中来,从而在更大的层面上扩大企业影响力。

项目二 微博营销

1. 微博营销特点

微博营销最突出的特点是发布门槛低,成本远小于广告,效果却不差。其次,微博营销可以借助先进多媒体技术手段,用文字、图片、视频等方式对产品进行描述,使消费者能够更加直接地了解到有关产品的信息,手段多样化、个性化和立体式,使营销效果显著。第三,微博营销的速度快。微博最显著特征之一就是其传播迅速。微博信息支持各种平台,包括手机、电脑与其他传统媒体。一条关注度较高的微博在互联网及与之关联的手机 WAP 平台上发出后,短时间内互动性转发就可以抵达微博世界的每一个角落,达到短时间内最多的点击人数。利用名人效应能够使事件的传播量呈几何级放大。第四,微博营销的便捷性和开放性。微博营销优于传统的广告行业,微博几乎是什么话题都可以进行探讨,而且没有什么拘束的,微博就是要最大化地开放给客户。发布信息的主体无须经过繁复的行政审批,从而节约了大量的时间和成本。

2. 微博营销优点和缺点

微博的营销优点和自身特点紧密相关。微博能在移动平台发布,操作简单,信息发布快捷。一条微博,几十个字,只需要简单的构思,就可以完成一条信息的发布,不需要花费很多的时间与精力。其次,微博的互动性很强,作者能与粉丝即时沟通,及时获得用户反馈。第三,微博营销的成本很低。做微博营销的成本可比做博客营销或是做论坛营销的成本低多了。最后,微博营销的针对性较强。能关注企业或者产品的粉丝都是本产品的消费者或者是潜在消费者。企业可以对他们进行精准营销。

微博营销也存在自身的缺点。关注度和浏览量是微博营销的基础,有足够的粉丝才能达到传播的效果,而要做到这一点需要时间的累计和资金的投入,在没有任何知名度和人气的情况下去通过微博营销,很难有效果。其次,由于微博里新内容产生的速度太快,信息在不断地更迭,粉丝一般不会翻看几天前的信息,如果粉丝没有及时关注到发布的内容,那就很可能被埋没在海量的信息中。第三,微博的传播力是有限的。由于一条微博文章有字数限制,所以其信息的深度和广度不够,而且只能在平台上传播,很难像博客文章那样,被大量转载。最后一点,微博缺乏足够的趣味性和娱乐性,很难被大量转贴。

3. 微博营销技巧

在掌握技巧之前是学习他企业微博正在做什么(尤其是国外的)。在熟悉自己产品和服务的同时,使用微博检索工具,对竞争产品和服务相关的话题进行监控。保证日常的微博发布,每天至少一条,但也不要太多,并形成制度化、正常化。与粉丝经常互动,善于从你的粉丝处获得建议,并及时反馈。鼓励粉丝参与到公司的活动,甚至新产品的开发。微博上最忌讳的是发生观点争辩和不道德的攻击。尊重每一个用户和他们的建议以及批评。遭遇用户负面消息,不可贸然发表回复或者声明,在前面调查和了解真实情况后,私下和客户沟通解决。

微博上发布的信息一定要遵守网络规则,保证信息的透明、真实,包括优惠信息或危机信息。微博使用的语言根据事件和场合使用不同的风格,有时需要有情感。此外,微博上不该做的事是使用微博来推广广告和产品信息,以及使用微博来记录日常的流水账。

企业实战

任务一

　　了解天柱山风景名胜区博客和微博运营情况,找出其营销的优点和缺点,并制定相应的营销策略方案,具体要求和评价由企业公布。

任务二

　　了解上海赛梦文化创意有限公司博客和微博运营情况,找出其营销的优点和缺点,并制定相应的营销策略方案,具体要求和评价由企业公布。

任务三

　　了解上海自在旅游观光巴士有限公司博客和微博运营情况,找出其营销的优点和缺点,并制定相应的营销策略方案,具体要求和评价由企业公布。

学习小结

模块七　网络社区营销

学习目标

☆知识目标　了解百度贴吧注册规则和要求;了解天涯论坛注册规则和要求;了解知乎栏目注册规则和要求。

☆技能目标　掌握百度贴吧营销策略;掌握天涯论坛营销策略;掌握知乎营销策略。

理论知识

网络社区是网上特有的一种虚拟社会,社区主要通过把具有共同兴趣的访问者集中到一个虚拟空间,达到成员相互沟通的目的。网络社区是用户常用的服务之一,由于有众多用户的参与,因而已不仅仅具备交流的功能,实际上也成为一种网络营销场所。网络社区已经成为人们在现实生活中社会关系的一种补充。网络社区由多种或者各种混合的社交软件组成,包括提问、回答、发文、网络聊天室、论坛,并且可以透过文字、声音、视频等来交流。

网络社区营销是网络营销主要营销手段之一,网络社区是网站所提供的虚拟频道,让网民产生互动、情感维系及资讯分享;从网站经营者的角度来看,网络社区经营成功,不仅可以带来稳定及更多的流量,增加广告收入,注册会员更能借此拥有独立的资讯存放与讨论空间。如果会员多,人气旺,还给社区营销造就了良好的场所。网络社区宣传,虽然花费精力,但是效果非常好。随着时代和互联网的发展网络社区营销的成功概率有所降低,尤其是用来进行产品促销。一般的网络社区的功能和作用也发生了很大变化,网络营销的手段也更加专业和深化,网络社区的营销功能事实上已在逐渐淡化,而是向着增加网站吸引力和顾客服务等方向发展,所以,当我们利用网络社区进行营销时,要正视这一手段的缺陷,不要对此抱太大的期望。当前社区内容还主要停留在文字\图片的层面,社区发展的导向将是更加融合化,文字\图片\声音\视频都会融入社区中来。这样一个优秀的社区在网站中所起的作用仍然不可低估。

项目一　百度贴吧营销策略

2003 年 12 月,百度贴吧正式上线。按照 Web2.0 的思维定位,百度贴吧完全是一个用户驱动的网络服务,强调用户自主参与、协同创造和交流分享。百度贴吧是一种基于关键词的主题交流社区。它与搜索紧密联系,准确把握用户需求,通过用户输入的关键词自动生成讨论区,使用户能立即参与交流,发布自己感兴趣的信息和想法。

1. 选择优质贴吧,获取高质量流量

百度贴吧是百度自己的产品,在引擎排名中的权重相对较高,所以在选择百度贴吧时针对主题和目标客户选择内容。首先,内容要具有高度相关性。选择的贴吧必须跟网站的内容相关,这样容易引流,同时也要考虑到贴吧用户的需求。其次,评估贴吧的人气。如果一个贴吧人气不旺,就不能给网站带去流量。所以,必须选择有一定人气的贴吧。但是,并非人气越高越好,因为,有些贴吧的人气非常高,但是竞争非常激烈,刚写的帖子短时间就沉了,后来者不容易阅读到,也达不到推广的效果,所以,对选择的贴吧要进行测试和评价。最后一点,测试贴吧的帖子能不能发链接,一般的贴吧都是能够发链接的,有些管理严格的贴吧是不能发链接的。

2. 贴吧里马甲顶贴

做贴吧推广需要注册百度账号,账号可以注册一个,最好注册多个,因为这些账号都是推广的工具。在选择合适的贴吧,在贴吧发布一些大家比较感兴趣的话题,然后在贴吧的一楼或者二楼留下自己推广的网址。并不是发布了话题就结束了,必须要让帖子保持在贴吧的首页顶部位置,这样才能让更多的客户注意到帖子,获取更多的流量。当发布的帖子沉下去以后,就换别的账号,对发布的帖子进行回复或者顶贴,让其保持在首页顶部位置。在百度贴吧上发布的帖子,每天都要去顶一次。不过不易太频繁。频繁顶贴很可能会使你的主题帖被管理员删除。同时,注意顶贴的内容。文字不宜过少,但也不能使自己的推广意图太明显。每天帖子数量的限制不是确定性的。一般而言,一个贴吧每天的发帖量在十个左右。注意不要在同一时间大量发帖,不然很快就会被限制发布。掌握发布时间和频率非常重要。

3. 利用贴吧做长尾词 SEO

百度公司给贴吧赋予了很高的权重。在百度搜索某些长尾词的时候,排在首页前几位的,除了百度知道就是百度贴吧的帖子。利用百度的这个特性,可以在百度贴吧做长尾词 SEO。具体的做法是,贴吧发帖的标题应该包含即将推广的长尾词。帖子的内容应该具体详细,不宜笼统抽象,并且是比较新颖一点的原创内容,字数也要宜多不宜少,然后利用马甲跟帖技巧,在下面多发表一些评论、问题和观点。一般情况下,如果竞争不是很激烈的长尾词,都可以通过百度贴吧做到百度首页的。这样,通过搜索引擎,以贴吧为跳转,也能给网站带来一定的高质量自然搜索流量。

4. 利用百度知道进行跳转

贴吧的另一个重要推广技巧是利用百度知道做跳转,再利用贴吧做二次跳转,来获取高质量的流量。在百度知道里无法留下外链,因为发布链接,回答就不能提交。但是,百度贴吧和百度知道都属于百度公司,百度对自己的产品比较信任。所以,可以在百度知道里留百度贴吧的链接,这个链接必须是发布帖子的链接,一般情况下,都能成功跳转。这样就可以通过二次跳转来获取一定的流量。

项目二　天涯论坛营销策略

天涯论坛又名天涯社区,创办于 1999 年 3 月 1 日,是一个在全球具有影响力的网络社区。自创立以来,以其开放、包容、充满人文关怀的特色受到了全球华人网民的推崇。在天涯社区中有"旅游论坛"专栏,在天涯论坛进行旅游营销首先要了解天涯基本规则。

首先要了解天涯帖子的排名规则。天涯论坛发布的帖子是根据帖子的回帖时间来排名的。只要有人回复一下帖子排名就会立马上去,因此要想自己的帖子一直处于首页,那就必须要有人持续回帖。其次,熟悉天涯留言信息的规则。天涯论坛不可以留外部链接,包括文本链接。但是,在回帖的时候是可以回外部链接。此外,在天涯论坛可以留天涯内部链接,也就是可以留在天涯论坛其他帖子的链接。如果在天涯论坛留外部链接,就会被封号,但是 QQ 号、QQ 群号、微信号等是可以留的。因此,利用这个特点,在天涯论坛营销时,与 QQ 营销和微信营销同时进行,相互关联,增加点击和流量。需要注意的是不要太频繁或者插入联系信息太多,位置一般选在文中或者文末。第三,天涯人气的排名规则。当帖子人气足够高,帖子内容足够精彩,就会被天涯论坛将帖子置为精品帖子,这样帖子会更有价值。当帖子被更多人点击和回复,就会产生源源不断的流量。最后,关注天涯帖子发布的质量。天涯论坛现在对于帖子内容质量越来越重视,在某些版块只要发带有广告信息的帖子,就会被秒删。因此,帖子的内容质量很重要,文字简洁明了,内容新颖原创,垃圾帖子是很难引到大量流量的。

1. 帖子内容设计

帖子的外观和感觉,有助于与观众建立情感联系。发布风格和质量一致的视觉效果。选择您要发布的内容类型(照片、插图、设计、工艺品等)并考虑风格(工作室、生活方式等)。这将引起观众的共鸣,并与他们建立牢固的联系。主要规则是遵循所采取的视觉美学。帖子内容是帖子质量的重要衡量标准,主要从两方面考量,其一是文字的优美程度,其二是信息传递的价值。其三是是否能够引起读者发表观点和意见。在发帖之前,必须做好帖子内容的设计,巧妙地在帖子内容中插入能够与看帖者产生共鸣和互动的亮点,这样有利于看帖者在互动过程中持续回帖,把帖子一直置于首页显示。

2. 没有互动,就没有生命

帖子互动数表示用户看到你的贴文内容后所产生的任何行为,例如:点赞、分享、留言、点阅任何贴文按钮、滑照片、看视频、点链接等。每一次计算皆为互动次数。提升互动数可以增加帖子的热度,为商品增加曝光,吸引流量。因此,将设计好的帖子内容发布出去后,就要进行一个互动,互动带来人气。常用的方法是雇人或者用自己小号去评论帖子,先制造出一种人气贴假象,起到抛砖引玉的作用,让看帖的人觉得这个帖子有看头,回帖的人越多,帖子越会被关注,符合人们的从众心理。

3. 顶贴频率和时间

为了避免被天涯论坛认为有做广告的嫌疑,一开始不要用小号或者雇人顶贴,因为这样帖子很容易被删,而且账号也很容易被封,结果是一切努力覆水东流。正确的做法是,先顶一下少量贴,等回帖数量达到一定量后,再开始大规模顶贴,这样就不容易被认为是恶意操作。所需要注意的是,控制好顶贴的频率和时间。

4. 有效控制首页霸屏

天涯论坛每个版块首页的帖子大致在 50 到 60 个帖子之间。将首页霸屏是天涯论坛营销的关键所在。让进入首页后,点击任何一个帖子都是楼主发的帖子,如果发现有其他帖子插入,逐步慢慢地将它顶下去。等自己的帖子逐渐稳定下来了,就开始大规模地去顶贴引流。天涯论坛引流不仅要玩软文。还要玩规则。任何一个平台都有规则,在遵守规则的前提下,运用技巧,在规则之内创新和提升质量。只有这样,帖子才能够在该平台受到欢迎。最后一点就是经营管理。任何一个帖子都有生命周期,并不是一个帖子就一直保持精品和置顶,需要做的就是维护和更新帖子,对于没有过时的帖子要进行维护,过时的帖子要进行更新,再次将新帖经营成精品贴。

项目三　知乎社区营销策略

1. 知乎旅游的主要内容

在旅游推荐板块,知乎推荐的相关旅游内容涉及广泛,包括了景点、美食、行程、交通等一系列内容。答主一般由旅游研究专家学者、旅游达人、资深行业从业者和普通游客组成。旅游推荐的动力因素主要分为三种:第一种是旅游爱好者自发推文,以彰显个人旅游经历、分享旅游感受为主要目的;第二种是以专家学者以学术交流和旅游科普为目的,具有较强的系统性和逻辑性特征;第三种是以营销为目的,这类营销俗称旅游软文,并不是直接向答友推荐旅游产品,而是假借旅游爱好者的名义实行推销目的

此外,与旅游相关的内容还有旅游投诉和旅游援助两方面内容。我国旅游监管和旅游投诉体系薄弱,往往无法在相关旅游事件发生之后快速响应,无法有效解决问题。投诉问题主要有游客在景区遭受黄牛贩卖虚假门票,景点服务和设施存在安全问题,机票火车票改签等问题,这些问题无法在正规途径得到有效反馈。投诉者通常会选择在知乎这一类问答社区以问题的方式进行变相投诉。而旅游援助则是为了应对游客在目的地的遭遇特殊情况,无法直接通过网络搜索获取相关信息的情况下产生。例如,游客在旅游场所发生意外,遭受公共暴力该如何处理? 有些国家涉及较多犯罪活动,游客如果卷进犯罪活动中该如何处理? 这一类特殊事件必须通过资深旅游业者协助解答。

2. 熟悉知乎运营环境

熟悉知乎的运营规范是营销的前提,否则专栏文章等莫名被删除就会丈二和尚摸不着头脑。在知乎官方账号——知乎小管家中,有一篇回答从入门、提问、话题、回答等多方面专门介绍这个问题。其次,了解知乎的使用人群。在 2017 年知乎联合艾瑞共同出台的《知乎用户刻画及媒体价值研究报告》中提到性别上,知乎男性用户占比 53.3%,女性用户占比 46.7%,男女比例正在接近均衡;年龄层面,36~40 岁的用户在知乎占比 14%,24 岁以下的新兴青年和 25~35 岁的社会中坚,则分别占比 22% 和 61%,后两类用户正是知乎的核心群体。通过官方的数据能够更加直观地知晓使用人群,从而确定在知乎中适合什么样的营销。在确定自身定位后,多维度规划内容矩阵,最后发布至相应板块。

3. 提高知乎旅游问答质量

(1) 注重挑选问题。回答质量不仅取决于自身,而且还和问题的质量有关,可以挑选浏览量高但是回答数较少的问题,这样创造的内容比较容易被发现。此外,如果不是自己熟知的领域,千万不要强答,导致阅读者对你所创作的内容信任程度下滑。其次,回答形式要多样化。纵观知乎各类高赞回答,大部分运用了除文字外多种表达方式,如视频、思维导图、图片等。需要注意的是,知乎是一个十分注重版权的地方,你所使用的每一个素材要尽量标明出处。

(2) 在发布内容前,结合自身定位,对相关话题的知友、问题、圆桌和专栏进行关注和点赞,在大数据的背景下,知乎很快了解作者的特点,快速获取作者可能会需要的信息。与浏览者的互动可以证明营销成功程度,了解他们的想法,从而进一步完善营销方式。另外,更新的内容应该多元化,避免账号内容过于枯燥。比如一周三篇专业类、两篇知识类穿插进行。

最后,既然是营销,必然是需要评估其营销效果的。前文所说的观察回答、点赞、评论数就是一个可行性较高的方法,还可以通过一些第三方监测工具来监测效果。另外,可以选择电话

或者微信回访来了解客户的来源,但是,当代人大多数对于回访电话有抵触情绪,所以,这个方法的效果可能不会很理想。

　　4. 分析成功的旅游营销案例

　　穷游锦囊是知乎旅行话题下优秀回答者之一,作为首批入驻知乎的机构账号,3 年来已回答问题 400 多个,发表文章 500 多篇并且被编辑推荐、知乎圆桌、知乎周刊和知乎日报收录过 95 个回答,68 篇文章,为所推荐的旅游地带去丰富的客源。从回答问题的类型来看,选择的问题主要以热门、冷门景点的推荐,因不同目的而进行的旅行的建议,还有对不同地区旅游六要素的推荐与介绍等,为了避免账号过于枯燥地讲述旅游攻略,时不时还会穿插回答旅游有关电影推荐,全球各地民俗等。

　　从回答的内容来看,回答中有图片有文字,图文呼应,内容丰富。建议大多是以年轻人为切入点,介绍年轻人喜欢去的景点,更有针对性和吸引力。回答语言较通顺且较有文采,会给别人一种非常了解的感觉。并且结合自身的实际经验来回答问题,多告诉别人自己的旅游经验,让别人更信服。

　　从回答的节奏来看,该机构 3 年来已回答问题 400 多个,发表文章 500 多篇并且被编辑推荐、知乎圆桌、知乎周刊和知乎日报收录过 95 个回答,68 篇文章,为所推荐的旅游地带去丰富的客源。由于是机构运营,所以它的内容更新节奏会很快,如果是个体运营的话,没有必要追求更新速度而忽略了创作质量。

　　该机构在旅游营销效果评估中除了观察点赞评论量、微信公众号订阅量和文章观看量外,还有一个值得借鉴的一点是通过提问旅游有关问题,来激发其订阅者的回答欲望,继而来进行效果评估。

企业实战

任务一

　　根据天柱山风景名胜区新媒体运营情况,创建百度贴吧/天涯论坛旅游栏目/知乎旅游栏目发帖推广,具体要求和评价由企业公布。

任务二

　　根据上海赛梦文化创意有限公司新媒体运营情况,创建百度贴吧/天涯论坛旅游栏目/知乎旅游栏目发帖推广,具体要求和评价由企业公布。

任务三

　　根据上海自在旅游观光巴士有限公司新媒体运营情况,创建百度贴吧/天涯论坛旅游栏目/知乎旅游栏目发帖推广,具体要求和评价由企业公布。

学习小结

模块八　直播营销

学习目标

☆知识目标　了解当前直播营销现状;了解直播营销火爆的原因;熟悉直播营销的优势。
☆技能目标　掌握直播营销的策略及其应用。

理论知识

根据百度百科对直播营销的解释,直播营销是指在现场随着事件的发生发展进程,同时制作和播出节目的营销方式,该营销活动以直播平台为载体,达到个人或者企业获得品牌的提升或是销量的增长的目的,当前,直播带货是直播营销的典型形式,它把直播营销和现场销售进行了完美结合。2016 年是直播平台爆发元年。"直播"不仅颠覆了商品市场营销和销售模式,而且也变革了人们的社交方式。有数据显示 2018 年中国在线直播用户规模达 4.56 亿人,同比增长率为 14.6%,2019 年在线直播用户规模达到 5.01 亿人,在线直播市场似乎发展回归理性。2020 年由于受到疫情的影响,直播带货达到疯狂的地步,平台的内容生产、主播培育和吸流能力达到了新高度。"直播+"的趋势越来越明显,除了带货,还出现教学和培训等多种形式叠加。主播变现的方式原先主要依靠广告收入和主播打赏,如今,结合电商开辟出一个新战场。有数据显示,淘宝直播占据 APP 内部 3% 的流量点击,网红直播帮助淘宝从人找货,到货找人的转变,网红主播、货、消费者之间的关系进一步亲密。在电商直播中,去品牌化、去平台化、去明星化的现象越来越明显。

项目一　直播营销火爆原因

1. 疫情催熟企业直播市场,倒逼企业线上业务

2020 年,直播火爆的直接原因是受到新冠疫情影响。疫情加速中国各行各业进入在线化、数字化、智能化阶段。同时,疫情打破用户固有的生活工作和学习习惯,这些为直播创造了巨大的先天机会。2020 年初,武汉爆发新冠疫情,后来蔓延其他省市,各地相继采取严格管控。大多企业停工停产,沟通交流只能采取线上,大中小幼学校停课停学,只能利用网络线上教学。很多人被要求居家不外出,刷手机和上网成为不同年龄层的消磨时间的主要方式,生活用品基本从网上预定,快递到家。短视频平台注册量和流量暴增。短视频对某些网红和直播带货的宣传在客观上助推了直播活动的火热。

2. 移动互联网技术和直播技术设备的迅速发展

在移动互联网时代,技术的高速发展和直播 APP 开始大量涌现,为直播营销奠定了坚实的物理基础,扫除了技术障碍。5G 在部分大城市的推广和使用,各通信公司的竞争,网速的大

幅度提升,流量资费的降低,视频直播比以往更加的流畅。此外,智能手机的价格下降和普及,让越来越多的人逐渐完全摆脱无线网络和电脑而可以直接进行视频拍摄上传。这就使得视频直播能够有更多的空间和场景。企业抓住时代的机遇,抓住全新的营销机会,各种网红经纪公司的出现,助推企业更加立体地展示企业的文化和产品,发出企业的声音,而不再仅仅依靠微博、微信和网站。

3. 直播满足了企业营销平台立体化的需求

在过去几年,很多企业、政府机构已经创建网站,在微博、微信开通账号,将其作为企业品牌营销和文化传播的标配。这些网络营销的方式基本上一维和单项的,消费者被动接收信息,或者不能及时得到回复,而且,这些传播主要还是基本以图文为主的,在微信上,可能的传播方式可以更多一些。但这远远不能满足消费者的短平快需求。图文始终不够立体,用户看到的还都是静止的,并且在如今这个信息泛滥的时代,单纯的文字传播很可能被忽略。而视频直播正在兴起,正好弥补了以前企业进行营销传播时的缺憾。在微博、微信之外,多了一个更为立体生动的营销阵地。直播相比其他社交媒介,能更直观地呈现丰富多彩的内容,用户进入门槛降低,只需要一部智能手机就可以随时随地地观看直播,而企业内容发布更加自由,从单一的发布会到企业内训、产品宣讲、大会活动等多元化场景直播,不同的领域,有不同的关注人群。这些构成了企业进驻直播的主要原因。

4. 直播方式促成并养成了消费者看视频玩视频的习惯

2020年初,移动社交平台陌陌发布了《2019主播职业报告》,通过对近万名移动网络用户进行调研发现,移动直播用户有用户群体年轻、黏性强、付费习惯成熟三大特征。抽样调查数据还显示,由于工作强度大、压力大、年纪较轻,受访主播中69.5%为单身状态,79%的职业主播为单身。另一方面,越来越多的人愿意在视频平台上花费时间创造内容和浏览内容,这都得益于用户习惯的培养完成。企业适应消费者的习惯,更容易和消费者打成一片。

项目二　直播营销的优势

直播营销是一种营销形式上的重要创新,也是非常能体现出互联网视频特色的板块。对于广告主而言,直播营销有着极大的优势:

1. 直播营销就是一场事件营销

事件营销是企业通过事先策划、组织和利用具有新闻价值、社会影响以及名人效应的人物或事件,吸引人们的兴趣与关注,以求提高品牌或产品的知名度,树立良好形象,促成产品或服务销售目的的手段和方式。直播营销成为事件营销的最佳渠道和平台,除了本身的广告效应,直播内容的新闻效应往往更明显,引爆性也更强。企业的产品和服务可以更轻松地进行传播和引起关注。

2. 能体现出用户群的精准性

企业营销离不开用户画像,用户画像与用户角色非常相近,是用来勾画用户(用户性别、年龄、职业、收入、居住地、性格、行为场景等)和联系用户需求与产品设计的。在观看直播时,用户需要在一个约定的时间共同进入播放平台页面,这种播出时间上的限制,也能够真正识别出并抓住这批具有忠诚度的精准目标人群。有了精准的用户数据,就可以根据年龄、区域、人群、天气、内容偏好、购物行为、搜索行为等定向,选择进行投放广告和产品。

3. 能够实现与用户的实时互动。

直播之所以火爆主要在于投入直播的用户和主播们的疯狂参与。高质量的互动玩法使用户和主播对直播平台的依赖性变强,因此,主播会投入大量时间,用户会为主播送礼花掉大量的金钱。相较传统电视,互联网视频的一大优势就是能够满足用户更为多元的需求。直播不仅仅是单向的观看,还能一起发弹幕吐槽,喜欢谁就直接献花打赏,形式多样,如搞笑道具互动、多人小游戏互动、主播视频连麦、匿名恶搞电话、VR互动模式等,甚至还能动用民意的力量改变节目进程。这种互动的真实性和立体性,也只有在直播的时候能够完全展现。

4. 深入沟通,情感共鸣

在这个碎片化的时代和去中心化的语境下,人们在日常生活中的交集越来越少,尤其是情感层面的交流越来越浅。进入同一个直播间是"人们身体共在"的场域,直播间是天然的界限,"房间"外的人被自然地排斥在外,"房间"内的用户获得了稳定的成员身份感。直播是一种带有仪式感的内容播出形式,能让一批具有相同志趣的人聚集在一起,聚焦在共同的爱好上。直播间实现了感官上的在场确认与体验、隔离局外人的界限、聚集关注点相近的人群、分享与传达情感的基本手段等功能。主播和用户情绪相互感染,能达成情感气氛上的高位时刻。如果品牌能在这种氛围下做到恰到好处地推波助澜,其营销效果一定也是四两拨千斤的。

项目三 直播营销的策略

1. 精确的市场调研

市场调研是任何形式营销的前提和基础。直播是向大众推销产品或者个人,推销的前提是我们深刻的了解到用户需要什么,我们能够提供什么,同时还要避免同质化的竞争。因此,只有精确地做好市场调研,找到适合产品的目标客户,才能做出真正让大众喜欢的营销方案。随着用户红利的消退,在线直播行业规模增长趋于稳定,行业发展回归理性,直播行业再度面临洗牌,各大直播平台积极求变求生。因此直播调研的第一步是,选择适合你所选的主播产品,其次准备3~5个爆款,爆款的标准是要选择好看的、大众化的和性价比高的,要非常具有竞争力。同时也可准备一些可作对比的产品进行比较。然后,精确分析自身的优缺点。做直播,如果营销经费充足,人脉资源丰富,可以有效地实施任何想法。但对大多数公司和企业来说,没有足够充足的资金和人脉储备,这时就需要充分地发挥自身的优点来弥补,一个好的项目也不仅仅是人脉、财力的堆积就可以达到预期的效果,只有充分地发挥自身的优点,有机地进行组合才能取得意想不到的效果。

2. 目标市场定位

当竞争加剧、市场态势由卖方市场转为买方市场时,消费者具有了一定的市场"势力",此时生产企业必须密切关注市场需求,研发适销对路的产品,才能顺利实现生存与发展。而在这种形势下,市场细分、确定目标市场、进行市场定位是必须采取的举措。营销能够产生结果并进行有效转化才是一个有价值的营销,直播营销的受众是谁,他们的人口统计学特征是什么,包括年龄、性别、职业、学历、居住地、消费倾向等等,都需要做恰当的市场调研,只有找到合适的受众才是做好整个营销的关键。

3. 直播平台的选择

2019 年比较火的直播平台有斗鱼直播、虎牙直播、哔哩哔哩、yy 直播、映客直播,直播平台如雨后春笋,除了最热门的抖音、快手、淘宝直播等,公众号、小红书都内测直播功能,知乎直播也正在上线。那么品牌要如何选择自己的直播平台呢?选择的依据基本是热门直播平台和产品属性以及目标用户画像特征。淘宝、有趣、有用、有料的生活消费类直播的受众群体在三四线城市的女性,热门品类在服装、美妆、母婴,进店转化率超 65%。但是,淘宝直播的审核非常严,对商家资质、商品、地理位置都有要求。快手的购物非常便捷,目前接入的第三方电商平台有淘宝、天猫、有赞、无敌掌柜、京东和拼多多。适合在快手直播推广的产品单价一般在 300 元以下效果相对好一些,低毛利率、去库存商品。抖音直播转化效果较好的是美妆类,因为抖音的"算法导向"使得该平台的粉丝黏性非常低,所以带货效果相对比"老铁文化"的快手弱。

4. 选择营销套路

常见的直播技巧有饥饿营销和秒杀活动。饥饿营销就是将产品限量供应,制造供不应求和断货的"假象"、以维护产品形象并维持商品较高售价和利润率的营销策略。品牌也可以准备一些用于秒杀活动的商品,一定要价低,可以亏本,不定时限量秒杀,主要是为了让用户持续关注直播。此外,商品限量供应,限时售价。品牌方在直播营销时需要考虑提供限量的商品及直播专属的特价。最后一点,超级买赠。顾客买得越多,产品赠得越多。

5. 良好的直播方案设计

不做任何准备,就是准备失败。直播方案是最基本的准备内容。直播营销的关键就在于最后呈现给受众的方案。想要直播间销量惊人,直播前你必须对整体流程和关键要素重点把握。一场直播中,主播是个非常重要的角色,想要带货销量爆单,主播必须具备:形象大方、会说话、精神饱满、态度积极、耐心等基本条件!此外,主播和粉丝的互动也是非常重要的,当你不知道说什么好,你可以专注于回答粉丝的问题!在整个方案设计中需要销售策划及广告策划的共同参与,让产品在营销和视觉效果之间恰到好处。在直播过程中,要讲究一定的技巧和艺术,过度营销往往会引起用户的反感,所以在设计直播方案时,如何把握视觉效果和营销方式,还需要不断的商酌。

6. 直播后期的有效管理

直播活动结束后,不妨上传直播活动的精彩内容。在直播控制室中实时跟踪活动指标。在活动结束 48~72 小时后,可以在直播平台分析工具中查看直播活动的各项指标。营销最终是要落实在转化率上,实时的后期管理必须要跟上,同时通过数据反馈可以不断地修整方案,将营销方案可实施性不断提高。

企业实战

任务一

根据天柱山风景名胜区新媒体运营情况,选择合适平台进行直播,具体要求和评价由企业公布。

任务二

根据上海赛梦文化创意有限公司新媒体运营情况,选择合适平台进行直播,具体要求和评价由企业公布。

任务三

根据上海自在旅游观光巴士有限公司新媒体运营情况,选择合适平台进行直播,具体要求和评价由企业公布。

学习小结

附录一 网络信息内容生态治理规定[①]

第一章 总　　则

第一条　　为了营造良好网络生态,保障公民、法人和其他组织的合法权益,维护国家安全和公共利益,根据《中华人民共和国国家安全法》《中华人民共和国网络安全法》《互联网信息服务管理办法》等法律、行政法规,制定本规定。

第二条　　中华人民共和国境内的网络信息内容生态治理活动,适用本规定。本规定所称网络信息内容生态治理,是指政府、企业、社会、网民等主体,以培育和践行社会主义核心价值观为根本,以网络信息内容为主要治理对象,以建立健全网络综合治理体系、营造清朗的网络空间、建设良好的网络生态为目标,开展的弘扬正能量、处置违法和不良信息等相关活动。

第三条　　国家网信部门负责统筹协调全国网络信息内容生态治理和相关监督管理工作,各有关主管部门依据各自职责做好网络信息内容生态治理工作。地方网信部门负责统筹协调本行政区域内网络信息内容生态治理和相关监督管理工作,地方各有关主管部门依据各自职责做好本行政区域内网络信息内容生态治理工作。

第二章 网络信息内容生产者

第四条　　网络信息内容生产者应当遵守法律法规,遵循公序良俗,不得损害国家利益、公共利益和他人合法权益。

第五条　　鼓励网络信息内容生产者制作、复制、发布含有下列内容的信息:(一)宣传习近平新时代中国特色社会主义思想,全面准确生动解读中国特色社会主义道路、理论、制度、文化的;(二)宣传党的理论路线方针政策和中央重大决策部署的;(三)展示经济社会发展亮点,反映人民群众伟大奋斗和火热生活的;(四)弘扬社会主义核心价值观,宣传优秀道德文化和时代精神,充分展现中华民族昂扬向上精神风貌的;(五)有效回应社会关切,解疑释惑,析事明理,有助于引导群众形成共识的;(六)有助于提高中华文化国际影响力,向世界展现真实立体全面的中国的;(七)其他讲品位讲格调讲责任、讴歌真善美、促进团结稳定等的内容。

第六条　　网络信息内容生产者不得制作、复制、发布含有下列内容的违法信息:(一)反对宪法所确定的基本原则的;(二)危害国家安全,泄露国家秘密,颠覆国家政权,破坏国家统一的;(三)损害国家荣誉和利益的;(四)歪曲、丑化、亵渎、否定英雄烈士事迹和精神,以侮辱、诽谤或者其他方式侵害英雄烈士的姓名、肖像、名誉、荣誉的;(五)宣扬恐怖主义、极端主义或者煽动实施恐怖活动、极端主义活动的;(六)煽动民族仇恨、民族歧视,破坏民族团结的;(七)破坏国家宗教政策,宣扬邪教和封建迷信的;(八)散布谣言,扰乱经济秩序和社会秩序

[①] 《网络信息内容生态治理规定》已经国家互联网信息办公室室务会议审议通过,并于2019年12月15日公布,自2020年3月1日起施行。

的;(九) 散布淫秽、色情、赌博、暴力、凶杀、恐怖或者教唆犯罪的;(十) 侮辱或者诽谤他人,侵害他人名誉、隐私和其他合法权益的;(十一) 法律、行政法规禁止的其他内容。

第七条　　网络信息内容生产者应当采取措施,防范和抵制制作、复制、发布含有下列内容的不良信息:(一) 使用夸张标题,内容与标题严重不符的;(二) 炒作绯闻、丑闻、劣迹等的;(三) 不当评述自然灾害、重大事故等灾难的;(四) 带有性暗示、性挑逗等易使人产生性联想的;(五) 展现血腥、惊悚、残忍等致人身心不适的;(六) 煽动人群歧视、地域歧视等的;(七) 宣扬低俗、庸俗、媚俗内容的;(八) 可能引发未成年人模仿不安全行为和违反社会公德行为、诱导未成年人不良嗜好等的;(九) 其他对网络生态造成不良影响的内容。

第三章　　网络信息内容服务平台

第八条　　网络信息内容服务平台应当履行信息内容管理主体责任,加强本平台网络信息内容生态治理,培育积极健康、向上向善的网络文化。

第九条　　网络信息内容服务平台应当建立网络信息内容生态治理机制,制定本平台网络信息内容生态治理细则,健全用户注册、账号管理、信息发布审核、跟帖评论审核、版面页面生态管理、实时巡查、应急处置和网络谣言、黑色产业链信息处置等制度。网络信息内容服务平台应当设立网络信息内容生态治理负责人,配备与业务范围和服务规模相适应的专业人员,加强培训考核,提升从业人员素质。

第十条　　网络信息内容服务平台不得传播本规定第六条规定的信息,应当防范和抵制传播本规定第七条规定的信息。网络信息内容服务平台应当加强信息内容的管理,发现本规定第六条、第七条规定的信息的,应当依法立即采取处置措施,保存有关记录,并向有关主管部门报告。

第十一条　　鼓励网络信息内容服务平台坚持主流价值导向,优化信息推荐机制,加强版面页面生态管理,在下列重点环节(包括服务类型、位置版块等) 积极呈现本规定第五条规定的信息:(一) 互联网新闻信息服务首页首屏、弹窗和重要新闻信息内容页面等;(二) 互联网用户公众账号信息服务精选、热搜等;(三) 博客、微博客信息服务热门推荐、榜单类、弹窗及基于地理位置的信息服务版块等;(四) 互联网信息搜索服务热搜词、热搜图及默认搜索等;(五) 互联网论坛社区服务首页首屏、榜单类、弹窗等;(六) 互联网音视频服务首页首屏、发现、精选、榜单类、弹窗等;(七) 互联网网址导航服务、浏览器服务、输入法服务首页首屏、榜单类、皮肤、联想词、弹窗等;(八) 数字阅读、网络游戏、网络动漫服务首页首屏、精选、榜单类、弹窗等;(九) 生活服务、知识服务平台首页首屏、热门推荐、弹窗等;(十) 电子商务平台首页首屏、推荐区等;(十一) 移动应用商店、移动智能终端预置应用软件和内置信息内容服务首屏、推荐区等;(十二) 专门以未成年人为服务对象的网络信息内容专栏、专区和产品等;(十三) 其他处于产品或者服务醒目位置、易引起网络信息内容服务使用者关注的重点环节。网络信息内容服务平台不得在以上重点环节呈现本规定第七条规定的信息。

第十二条　　网络信息内容服务平台采用个性化算法推荐技术推送信息的,应当设置符合本规定第十条、第十一条规定要求的推荐模型,建立健全人工干预和用户自主选择机制。

第十三条　　鼓励网络信息内容服务平台开发适合未成年人使用的模式,提供适合未成年人使用的网络产品和服务,便利未成年人获取有益身心健康的信息。

第十四条　　网络信息内容服务平台应当加强对本平台设置的广告位和在本平台展示的广告内容的审核巡查,对发布违法广告的,应当依法予以处理。

第十五条　　网络信息内容服务平台应当制定并公开管理规则和平台公约,完善用户协议,明确用户相关权利义务,并依法依约履行相应管理职责。网络信息内容服务平台应当建立用户账号信用管理制度,根据用户账号的信用情况提供相应服务。

第十六条　　网络信息内容服务平台应当在显著位置设置便捷的投诉举报入口,公布投诉举报方式,及时受理处置公众投诉举报并反馈处理结果。

第十七条　　网络信息内容服务平台应当编制网络信息内容生态治理工作年度报告,年度报告应当包括网络信息内容生态治理工作情况、网络信息内容生态治理负责人履职情况、社会评价情况等内容。

第四章　　网络信息内容服务使用者

第十八条　　网络信息内容服务使用者应当文明健康使用网络,按照法律法规的要求和用户协议约定,切实履行相应义务,在以发帖、回复、留言、弹幕等形式参与网络活动时,文明互动,理性表达,不得发布本规定第六条规定的信息,防范和抵制本规定第七条规定的信息。

第十九条　　网络群组、论坛社区版块建立者和管理者应当履行群组、版块管理责任,依据法律法规、用户协议和平台公约等,规范群组、版块内信息发布等行为。

第二十条　　鼓励网络信息内容服务使用者积极参与网络信息内容生态治理,通过投诉、举报等方式对网上违法和不良信息进行监督,共同维护良好网络生态。

第二十一条　　网络信息内容服务使用者和网络信息内容生产者、网络信息内容服务平台不得利用网络和相关信息技术实施侮辱、诽谤、威胁、散布谣言以及侵犯他人隐私等违法行为,损害他人合法权益。

第二十二条　　网络信息内容服务使用者和网络信息内容生产者、网络信息内容服务平台不得通过发布、删除信息以及其他干预信息呈现的手段侵害他人合法权益或者谋取非法利益。

第二十三条　　网络信息内容服务使用者和网络信息内容生产者、网络信息内容服务平台不得利用深度学习、虚拟现实等新技术新应用从事法律、行政法规禁止的活动。

第二十四条　　网络信息内容服务使用者和网络信息内容生产者、网络信息内容服务平台不得通过人工方式或者技术手段实施流量造假、流量劫持以及虚假注册账号、非法交易账号、操纵用户账号等行为,破坏网络生态秩序。

第二十五条　　网络信息内容服务使用者和网络信息内容生产者、网络信息内容服务平台不得利用党旗、党徽、国旗、国徽、国歌等代表党和国家形象的标识及内容,或者借国家重大活动、重大纪念日和国家机关及其工作人员名义等,违法违规开展网络商业营销活动。

第五章　　网络行业组织

第二十六条　　鼓励行业组织发挥服务指导和桥梁纽带作用,引导会员单位增强社会责任感,唱响主旋律,弘扬正能量,反对违法信息,防范和抵制不良信息。

第二十七条　　鼓励行业组织建立完善行业自律机制,制定网络信息内容生态治理行业规范和自律公约,建立内容审核标准细则,指导会员单位建立健全服务规范、依法提供网络信息内容服务、接受社会监督。

第二十八条　　鼓励行业组织开展网络信息内容生态治理教育培训和宣传引导工作,提升会员单位、从业人员治理能力,增强全社会共同参与网络信息内容生态治理意识。

第二十九条　　鼓励行业组织推动行业信用评价体系建设,依据章程建立行业评议等评价奖惩机制,加大对会员单位的激励和惩戒力度,强化会员单位的守信意识。

第六章　监督管理

第三十条　　各级网信部门会同有关主管部门,建立健全信息共享、会商通报、联合执法、案件督办、信息公开等工作机制,协同开展网络信息内容生态治理工作。

第三十一条　　各级网信部门对网络信息内容服务平台履行信息内容管理主体责任情况开展监督检查,对存在问题的平台开展专项督查。网络信息内容服务平台对网信部门和有关主管部门依法实施的监督检查,应当予以配合。

第三十二条　　各级网信部门建立网络信息内容服务平台违法违规行为台账管理制度,并依法依规进行相应处理。

第三十三条　　各级网信部门建立政府、企业、社会、网民等主体共同参与的监督评价机制,定期对本行政区域内网络信息内容服务平台生态治理情况进行评估。

第七章　法律责任

第三十四条　　网络信息内容生产者违反本规定第六条规定的,网络信息内容服务平台应当依法依约采取警示整改、限制功能、暂停更新、关闭账号等处置措施,及时消除违法信息内容,保存记录并向有关主管部门报告。

第三十五条　　网络信息内容服务平台违反本规定第十条、第三十一条第二款规定的,由网信等有关主管部门依据职责,按照《中华人民共和国网络安全法》《互联网信息服务管理办法》等法律、行政法规的规定予以处理。

第三十六条　　网络信息内容服务平台违反本规定第十一条第二款规定的,由设区的市级以上网信部门依据职责进行约谈,给予警告,责令限期改正;拒不改正或者情节严重的,责令暂停信息更新,按照有关法律、行政法规的规定予以处理。

第三十七条　　网络信息内容服务平台违反本规定第九条、第十二条、第十五条、第十六条、第十七条规定的,由设区的市级以上网信部门依据职责进行约谈,给予警告,责令限期改正;拒不改正或者情节严重的,责令暂停信息更新,按照有关法律、行政法规的规定予以处理。

第三十八条　　违反本规定第十四条、第十八条、第十九条、第二十一条、第二十二条、第二十三条、第二十四条、第二十五条规定的,由网信等有关主管部门依据职责,按照有关法律、行政法规的规定予以处理。

第三十九条　　网信部门根据法律、行政法规和国家有关规定,会同有关主管部门建立健全网络信息内容服务严重失信联合惩戒机制,对严重违反本规定的网络信息内容服务平台、网络信息内容生产者和网络信息内容使用者依法依规实施限制从事网络信息服务、网上行为限制、行业禁入等惩戒措施。

第四十条　　违反本规定,给他人造成损害的,依法承担民事责任;构成犯罪的,依法追究刑事责任;尚不构成犯罪的,由有关主管部门依照有关法律、行政法规的规定予以处罚。

第八章　附　则

第四十一条　　本规定所称网络信息内容生产者,是指制作、复制、发布网络信息内容的组织或者个人。本规定所称网络信息内容服务平台,是指提供网络信息内容传播服务的网络信息服务提供者。本规定所称网络信息内容服务使用者,是指使用网络信息内容服务的组织或者个人。

第四十二条　　本规定自 2020 年 3 月 1 日起施行。

附录二 课程教学实践企业简介

一、安徽天柱山旅游发展有限公司简介

1. 公司概况

安徽天柱山旅游发展有限公司于 2003 年成立,是一家由原天柱山国家森林公园、原天柱山风景名胜区管理委员会所属企业依法整合而成的永久性经营的国有独资企业,公司注册资本 8 000 万元,执行企业会计制度。主要行使天柱山风景区的开发、建设、经营和管理职能。公司主要经营景区门票、索道、旅行社、旅游客运、酒店等业务,拥有天柱山客运公司、大龙窝索道分公司、天柱山索道公司、天柱山旅行社、皖公山国际旅行社、天柱山庄等经营实体,总资产 15 亿元。公司现有在岗员工 271 人,其中拥有各类资质资格证书者 128 人,聘用初级以上职称者 38 人。

2. 公司发展状况

天柱山位于安徽省潜山市境内,因其主峰天柱峰如柱擎天而得名。天柱山又名皖山,安徽省简称"皖"即源于此。现为国家首批重点风景名胜区、国家森林公园、国家 5A 级旅游景区和世界地质公园。安徽天柱山旅游发展有限公司于 2014 年获评全国旅游标准化示范单位,2015 年获服务业安徽名牌称号,2016 年获安庆市政府质量奖,是安徽省重点旅游企业(具体见附表 1)。

附表 1 获 奖 情 况

获 奖 名 称	获奖时间	颁 奖 部 门
世界地质公园绿卡	2020 年 3 月	联合国教科文组织
长三角区域"七名"系列旅游精品推荐目的地名山	2019 年 11 月	安徽省文化和旅游厅、上海市文化和旅游局、江苏省文化和旅游厅、浙江省文化和旅游厅
最美中国旅游胜地	2019 年 9 月	国际旅游联合会
中国天然氧吧	2019 年 7 月	中国气象服务协会
森林养生国家重点建设基地	2019 年 4 月	国家林草局
全国文明单位	2019 年	中央文明委
2018 年度首批 AAAAA 级服务质量诚信旅行社	2018 年 11 月	安徽省旅游发展委员会 安徽省工商行政管理局 安徽省质量技术监督局
《地质秘语》入选"研学安徽"十佳精品线路	2018 年 10 月	安徽省旅游发展委员会
中国体育旅游精品赛事	2018 年 5 月	国家体育总局
第三批安徽省研学旅行基地	2018 年 3 月	安徽省旅游发展委员会
中国体育旅游精品赛事	2018 年	国家体育总局
诚信品质旅行社	2017 年 11 月	省旅发委、省文明办、省发改委、省工商局、省质监局

（续表）

获 奖 名 称	获奖时间	颁 奖 部 门
安庆市政府质量奖	2016 年 1 月	安庆市政府
安徽名牌产品	2015 年 5 月	安徽省质监局
全国旅游标准化示范单位	2014 年 4 月	国家旅游局

3. 公司文化

公司依托天柱山风景区成立并成长,企业文化可溯源到 1982 年天柱山成为国家首批重点风景名胜区并对外开放之时。"十九大"以来,为进一步追求卓越,公司以习近平新时代中国特色社会思想为指导,结合自身实际与特色,对企业文化进行了进一步梳理、提炼和发展,形成了目前以新发展理念为内涵的企业文化(见附图 1)。

附图 1　企业文化

公司牢记使命,非常重视保护天柱山优良的生态环境和珍贵的地理遗迹,已先后实施多期地质遗迹保护项目。2015 年国家发改委批准天柱山使用德国政府贷款 1 500 欧元,实施天柱山生物多样性保护项目,主要用于生物多样性恢复、保护和监测工程建设等。

4. 公司主要消费者或市场特征

天柱山优质的旅游资源造就了公司特殊的品牌影响力,客源市场分布范围极其广泛,积极做好国内市场的同时,积极打开俄罗斯、港澳台等境外市场(见附图 2)。

天柱山旅游根据未来的发展趋势,结合区位条件、旅游资源基础设施以及旅游业发展现状,客源市场的总体定位为:以国内为主,境外为辅,近期内以提高知名度、拓展国内市场为首要目标。通过对天柱山未来旅游市场需求的波士顿矩阵分析,确定今后的国内市场营销总体方向应以省内市场为主体,侧重周边市场,重点挖掘江苏、湖北、上海、浙江市场,开拓远程客源市场。

随着大众旅游时代的到来,越来越多的人参与到旅游活动项目中来,游客的需求也呈多样化趋势发展。天柱山旅游根据不同的顾客群开发了形式多样的丰富性旅游产品。针对高端消费人群,公司开发了养生娱乐、文化休闲、寻根问祖等多类型高端旅游产品;针对一般普通消费人群,公司特意开发了天柱山精华一日游产品(见附图 3)。

此外,天柱山还开通了多地直达天柱山的旅游直通车,如:安徽安庆、合肥、蚌埠、淮南等,省外的南京、上海、武汉、杭州、宁波、河南、山东等,为游客带来诸多便利。另外,针对目前市场上大批涌现的自驾游客户群,天柱山已成功举办多届摩友自驾游和自驾车主联谊大会暨帐篷节等活动全国各地摩友齐聚天柱山。

类别	数学
男　性	47%
女性	53%
50后	3%
60后	21%
70后	29%
80后	23%
90后	19%

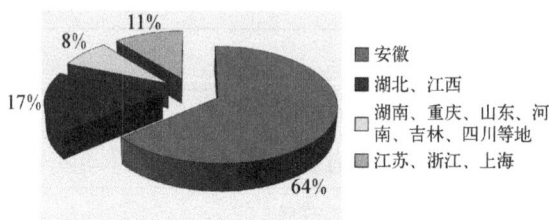

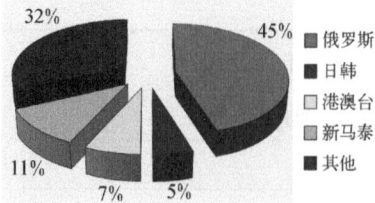

市场基础数据分析表

区域范围	占比
300公里范围内	78%
300~500公里	17.80%
500公里范围外	3.80%

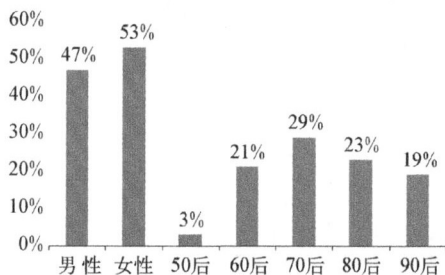

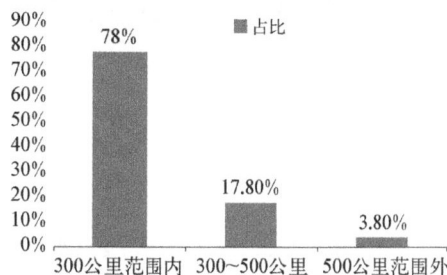

市场区域数据分析表

附图2　国内、外市场客源结构及市场数据分析

附图3　天柱山精华一日游

5. 公司网站

http://www.tzs.com.cn/

6. 公司公众号(见附图4)

附图4　公众号

7. 微博,抖音号等社交媒体账号(见附图5)

附图5　公司微博、抖音社交媒体账号

8."智慧游天柱"微信小程序(见附图6)

附图6　"智慧游天柱"微信小程序

9.公司故事

今年初,突如其来的新冠疫情让荆楚危急、九州闭户。天柱山景区迅速启动应急响应措施,在全国景区中较早实行暂停开放。疫情肆虐期间,公司在做好自身防控工作的同时,还积极参与潜山城区网格化管控,负责彰法社区梦圆小区、幸福佳苑、三小宿舍等片区的疫情管控工作。在疫情防控取得阶段性成效后,主动对接武汉团市委、长江公益、武汉市青少年发展基金会,推出"天柱山门票10元义售"活动。活动引起国家文旅部以及安徽省政府网站关注,全网阅读量超5 000万人次,获得社会一致肯定与好评。活动累计筹得善款528.588万元,已全部捐往武汉,专项用于设立"天使的孩子——关爱武汉抗疫医护人员子女·天柱山基金"。公司也因此获潜山市疫情防控指挥部通报表扬(见附图7)。

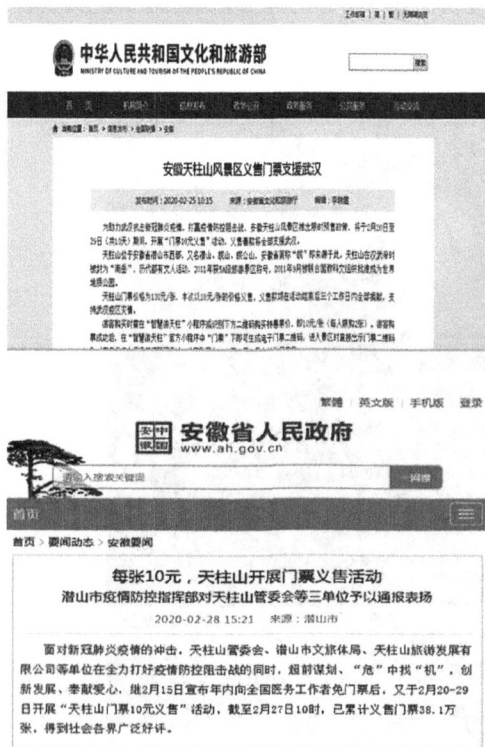

附图7　天柱山义售活动

二、赛梦微缩世界

1. 公司概况

赛梦微缩世界是上海赛梦文化创意有限公司旗下文化品牌,赛梦文化致力于成为中国微缩文旅第一品牌。公司成立于2018年8月,注册在上海市虹口区白玉兰广场,注册资本1 600万。赛梦微缩世界第一家旗舰店——百年上海中国梦,于2019年1月19日在上海北外滩白玉兰广场盛大启航。赛梦文化源于赛野集团,是集团旗下模型、展示、景观、文化四大支柱产业之一。作为新型文化型公司,深耕模型行业27年,匠心传承。适逢国家大力发展文化旅游号召,赛梦文化整合内部资源,拓展文化旅游生态链,携手赛野展示、赛睿景观、赛野模型和赛梦文化四位一体,以全微缩的独特视角展现城市文化,解读城市精神,开创城市文化多元化、休闲化、精细化发展的新天地。

赛梦文化是一家新兴文旅型私营企业,目前员工多达40多人,大学本科学历达到95%以上,其中大部分为90后青年,女生占比70%。随着赛梦微缩世界的不断壮大,目前将迎来上海第二家店。随着文化旅游不断深入人心,人们对多元化文旅的需求不断攀升,赛梦微缩世界也将迎来全新的发展和机遇。未来将在南京、西安、深圳、北京等估计著名城市持续建立连锁店面,全国布局,立足中国文旅市场,面向全球文化旅游产业发展。

2. 公司发展状况

赛梦微缩世界在成立之初,就受到各界广泛关注,有来自政府的热情邀约和鼎力支持,有来自同行及商业单位的帮助和赞扬,更有东方有线、东方卫视、上海电视台,搜狐、腾讯、新浪各大媒体与门户网站广泛报道,一度引起市民及社会各界广泛关注。随着赛梦微缩世界的不断发展创新,先后取得了虹口区科普驿站、上海市文创、虹口区科协等荣誉与支持,在美团、大众点评及阿里巴巴都成为网红店,占据上海市文旅热度排行榜第一名。赛梦微缩世界在抖音、哔哩哔哩和淘宝直播平台均有很好的表现,曾在淘宝直播取得30W流量粉丝观看的佳绩,此外还获得阿里巴巴甄选五星商户授牌,智障儿童公益感谢状等。

3. 公司文化

目标:中国微缩文旅第一品牌。

理念:激发梦想,成就非凡。

宗旨:再大的梦想也要从小要做起。

使命:推动中国文旅精细化、多元化、人文化发展。

愿景:微缩世界开创未来。

寄语:对世界,我有不同看法。

4. 公司主要产品

赛梦微缩世界主要产品包含:

产品类:全微缩城市主题文化乐园、情境式互动贩卖机、微缩食玩、微缩手作、科技体验、微缩文化衍生品等。

合作类:品牌联合、定制服务、互动游学、专家讲坛。

服务类:城市客厅、一站式城市体验、国际交流、演绎城市IP活化、城市文化深度游。

赛梦微缩世界以客户体验感为第一诉求,以科技手段作为全微缩视角的呈现保障,产品特色鲜明,全景、全时、全维解析文化,为客户持续带来全新的视角与体验。公司的主要消费者以城市文化爱好者、亲子人群、酷文化爱好者和学生为主。其中亲子人群,以年龄在35岁左右的父母为多,孩童以5～12岁的学生居多。另有专业人群,集中在15～25岁,40～50岁的人群。前者以潮玩为主,后者以文化为主。受众的主要人群来自本地、本市,部分来自外地游客及国外游客。

5. 销售业绩及网络

销售主要集中在店面(线下)和线上。

6. 售后服务

美好友谊,从接触开始。

7. 公司网站

https://www.miniature-world.cn/

8. 公司公众号/APP

赛梦微缩世界 Miniature World

赛梦微缩世界

9. 博客/微博,抖音号/快手号等社交媒体账号

抖音:赛梦文化创意有限公司

抖音号:2190008501

10. 品牌故事:来自一位建筑师的梦想

改革开放40年,中国的发展变化是人类历史上史无前例的,同时也伴随着无数精彩难忘的故事,赛梦微缩世界也是这梦幻般故事海洋中的一朵浪花。1993年的深圳,一位年轻的建筑师看到当时中国建筑模型领域的空白,开办了赛野模型公司,同时也开创了中国建筑模型行业的先河,这位年轻的建筑师就是赛野集团的创始人董事长廖文瑾先生。赛野模型以"引领创意,传承品质"为企业发展理念,经过20多年的开拓进取,逐步发展成为业务包括建筑模型、展览展示、景观设计等领域,服务遍及国内外的大型文化创意集团公司。然而,随着事业的不断发展壮大,在荣誉与光环的背后,廖董心底却有一种越来越强的无奈叹息:想到赛野模型,公司从创立以来20多年的历程中,为中国的城市建设服务了超过2万多个客户,创作了超过30万平方米的建筑模型作品。然而随着岁月的流失,一个个精心创作独具匠心的作品大都随着短暂的展示活动结束遭废弃。而能够传承工匠精神留住岁月记忆的仅剩下廖董办公室自己收藏的几个为数不多的模型作品,在无奈叹息后,廖董就有了一个梦想:如果我们可以用赛野模型20多年的模型创意、制作技术和经验,创作出精美有历史文化价值的模型作品可以展示给全世界全社会的观众鉴赏,那该是多么有意义有价值的事情。于是廖董在2005年就开始尝试并组建了专门的研发创作团队,并用时两年多打造了精美的北京天坛、西安钟楼、地王大厦等中国著名的极具代表性的建筑模型作品,当时在业内也得到了极大的好评和赞誉。遗憾的是这个梦想因为集团事务繁多,没有能够如期持续下去。一直到了2016年赛野集团的年终总结大会上,公司时任深圳模型公司总经理赵云辉先生提出了一个畅想,建议公司可以利用集团的团队资源和技术优势,打造一个以微缩模型为主题的文化旅游项目,开拓一个新的业务模式。当时在集团年会上赵总的这一想法和建议并没有得到与会的集团各位高管的普遍认同,也就没有就此事进行深入的探讨。然而赵总的这一建议却深深地打动了廖董的心,同时也再次唤醒了廖董当初的梦想。到了2017年,带着这个仍未实现的美好梦想,廖董考察走访了多个国内外的文旅项目,并对微缩模型艺术与中国建筑历史文化如何紧密有机地结合进行了

深入的研究。在这个过程中也得到了王启先生等集团其他高层骨干的大力支持和推动。最后在2017年赛野集团年中工作总结会议上,廖董拍板正式启动微缩世界文化旅游项目,并命名为赛梦微缩世界,通过深入考察与评估,将第一个项目确定在上海,并以百年上海为历史建筑文化IP。率先提出了全景、全时、全维的全微缩的主题概念,致力于打造出中国首家全微缩主题乐园,为赛野集团专业化多元化的发展以及中国文化旅游的精细化多样性探索出新的可能性。

赛梦微缩世界主题乐园,不但是廖文瑾先生的梦想,也是全体赛野人的梦想。而我们的梦想就是通过我们坚持不懈精心创立的打造,让赛梦微缩世界成为全世界参观者激发、体验,实现他们各自梦想的乐园。

11. 客户故事:终于找到我们想要的了

赛梦微缩世界每天都有很多接待,这也成为赛梦的骄傲。话说2019年12月中旬的某一天,因为临近元旦和圣诞,我们戏称为双"旦"。公司突然接到兄弟公司打来的一个电话,说从成都来了一位客户,已经下飞机赶往赛梦微缩世界展馆,前来查看公司的制作水准。在接到电话的那一刻,公司委派了我们讲解员萍萍来接待。萍萍因为没有接待过专业客户,怕有些制作的工艺讲不清楚,特别联系了汤姆老师,希望能够一同接待。在不多的等待之后,客户的电话响了,萍萍很快从电梯引导客户进入店面。面对一言不发的客户,萍萍还是热情洋溢的按照讲解步骤,从赛梦微缩世界的主旨和设计理念,以及制作内容进行讲解,汤姆老师也在跟前,不时地点点头,陪着客户从跑马厅到猎奇魔幻小镇,再到百年外滩,以及微缩食玩和微缩工坊,客户的一言不发,让萍萍很紧张,生怕哪里没有说到位。

她眼巴巴地看着汤姆老师,而此时客户的一个动作,让汤姆老师察觉了。她并没有想要离开的意思,汤姆老师很快判断,这是哪里意犹未尽呢?想起客户在魔幻小镇的略微驻足,汤姆老师马上询问到,是否对模型的制作材质有疑问?对动态反应的原理是否还有不明白?客户点点头。于是汤姆老师从头开始讲起,客户也轻快地跟着过来。一边听一边点头,时不时还会指着问这是什么材质,这防水吗?这个是机械还是磁力?

汤姆老师详细解说了,哪些是机械原理,那些事磁电效应,哪些是真水,哪些是仿真水,在什么情况下用什么材质,多久需要更换,它的耗损和耐磨性等等。

当汤姆老师讲完,客户的脸色提亮了很多,慢慢地也浮现出了笑容。不知不觉一场下来,居然用了1个多小时的讲解。客户不仅询问了背景文化,还了解了与现在城市的联系,并提出要去购买一些纪念品,经过详细的指点,客户非常满意,激动地对我们说,这就是我们想要的,终于可以放心大胆的和你们合作了,你们真牛! 回到成都我们就立刻合作,签合同。希望你们尽快也来西部开分店,我们一定全面合作!

像这样的故事虽然不是每天都有发生,但是赛梦微缩世界在接待过的客户中,越来越多的认可,是我们走下去的动力。

12. 两三个顾客对公司或产品评价

(1)来自大众点评"无肉不欢小油油"的点评:

"我要向全世界安利这个主题乐园!!!! 惊喜超乎想象! 在这里你可以看到昼夜更替,火山喷发,狼人变身,UFO降落,雪怪出没,实时赛马比赛,游船入港,甚至摩天大楼升降。细节之外皆是考究,最惊喜的是有许多小按钮可以点亮一些隐藏空间,还有可以拍照的互动区"。

（2）来大众点评"自奶霸 VIP"：

"整体很有创意的浓缩迷你型观景乐园，饱含人文历史，日常生活起居，工作，休闲，娱乐方式著名景点等，联小花园边上醉汉随地小便的举止神态都摆显出来了，总体来说是一个很有创作艺术气息的地方，挺适合大孩子小孩子一起来转一下，能绞尽脑汁作出来想出来的那个设计者肯定是个人才，每块版图就是个活灵活现的人文社会"。

（3）来自大众点评"小宝宝的妈妈"点评：

"很得一看的微缩景观，制作精良，建议可以带个小望远镜（场馆备有望眼镜），不然远处看不太清。我最喜欢旧上海滩的微缩景观，在那里比对如今都是些什么地方，很有乐趣，还能了解历史，虽然地方不是非常大，但仔细观赏的话，能待 2 小时，里面有服务人员定时讲解，体验不错。建议买套票，套票包含 2 个验项目，让小孩做缩食玩、微缩景观挺好玩的，适合 5、6 岁的小孩"。

三、上海自在旅游观光巴士有限公司

1. 公司概况

2017 年，上海自在旅游观光巴士有限公司成立，注册落地为浦东花木，注册资本 666 万，主要投资方是上海恒栋客运有限公司、上海比昂国际旅行社有限公司等，主营观光巴士及旅行社业务。目前投资经营一条线路，共四辆车，员工共有 30 名。

2. 公司发展状况

公司目前经营的观光巴士线路为"陆家嘴旅游环线"（品牌名：动吧 donbar），该线路原来由上海比昂国际旅行社有限公司独立投资和经营管理，2017 年与上海恒栋客运有限公司及其他三位自然人成立新公司"上海自在旅游观光巴士有限公司"，共同投资、经营管理"陆家嘴旅游环线"，并希望在完善营运模式的基础上拓展国内优质旅游城市，构建文旅新业态，创建观光巴士业新品牌。

"陆家嘴旅游环线"于 2007 年 5 月 1 日作为"陆家嘴综合配套改革实事项目"投入上线，成为上海甚至国内首家经营观光巴士的企业。线路围绕小陆家嘴区域循环行驶，共投入四辆双层敞篷巴士，每年接待 30 万~40 万左右海内外游客。十多年的营运过程中，公司对观光巴士进行大胆创新：改装车辆空间、改变单一售票模式，现有车票加景点票和车票加赠送饮料，并增加了下午茶和酒吧等新概念，对传统公交和传统概念的观光车进行了颠覆，深受市场和消费者的好评。

公司目前坚守四辆车在小陆家嘴——这个面向世界的窗口不断完善经营模式，希望利用"不同时间给不同受众提供不同产品和服务"来把"动吧 donbar"打造成"移动景观吧、移动咖啡吧、移动酒吧"这样一个综合性旅游配套产品。

2019 年公司获得上海市观光巴士业态首张《食品经营许可证》，可以在车上现制现售咖啡、果汁等饮品；可以在车上销售各类预包装食品和冷冻冷藏食品，为"移动咖啡吧、移动酒吧"创新模式提供了合法保障。

目前已获国内多个城市及企业邀请合作投资和经营观光巴士项目，并受邀多家车辆生产企业成为他们的样板基地和项目顾问，共同拓展国内观光巴士市场。

3. 公司文化

愿景使命：创建观光巴士业新品牌，构建文旅新业态

经营理念：利他、创新、合作、共赢

企业宗旨：您的需求就是我们的服务

4. 公司主要产品

（1）公司主营观光巴士。

（2）利用双层巴士并进行功能性改造车辆空间，给消费者舒适的乘坐环境并提供高附加值服务。

（3）移动景观吧：主要针对海内外游客，在交通工具的基础功能上提供导游讲解、全方位不同视角观景、区域内景点套票、特色伴手礼和个性旅游纪念品。

（4）移动咖啡吧：主要针对本地商务人士及海内外旅游团队，提供不同的下午茶体验感。

（5）移动酒吧：主要针对本地年轻人、企业团建和海内外旅游团队，提供不同的酒吧文化体验。

5. 销售业绩及网络

（1）项目主要利润来源：车票+景点票+车身广告+各类二次消费。

（2）每年接待客流 30 万~40 万左右。

（3）销售渠道：现场引流、OTA 代售、旅行社团队合作、第三方景点门票销售点、第三方销售平台、公关公司。

6. 售后服务

一票当日无限次上下

7. 公司公众号

动吧 donbar

8. 公司故事

2007 年 5 月 1 日项目作为陆家嘴配套功能改革实事项目上线，政府要求"一块畅游陆家嘴"。

项目作为观光巴士概念上线，尚属国内首家，无先例，车辆属性和项目概念都没有明确法规和条例来支撑和约束项目运行。只能参照公交车的管理条例，票价只能根据线路里程来定价：2 元。

每天可以接待 1 000 多人次，人多收入少，不享受政府对公交车各类政策支持。这样的趋势企业难以生存和可持续性发展。

为此企业大胆创新：把车辆上层进行改装；把公交座位改为面对面卡座；把敞篷改成局部敞篷；对产品进行创新：把车票调整为 15 元，买车票送咖啡；对员工绩效进行改革：个人薪资同销量及服务品质挂钩；以上举措，对企业的收入在很短的时间内有了大幅度改观，对市场的发展有了引领作用。

同时也促进了政府的法规和条例改革：票价和车辆改装合法性以及食品经营的许可性：允许公交公告车辆经营观光巴士项目，价格采用"费率制"；允许公交公告车辆进行合法改装，申请国家汽车公告，给予公交车辆上牌额度；食品经营许可今年也是上海首次尝试和突破。

9. 两三个顾客对公司或产品评价

附图8　网上对产品的评价

附录三　课程学习证书样张

《旅游社交媒体营销》证书

兹证明

　　　　　　同学完成上海旅游高等专科学校《旅游社交媒体营销》课程理论学习和企业实战任务,经考核合格,特发此证。

上海自在旅游观光巴士有限公司总经理：沈卫国

上海旅游高等专科学校课程导师：刘堂

二〇二〇年十二月三十一日

证书编号

《旅游社交媒体营销》企业证书

兹证明

　　　　　　同学完成上海旅游高等专科学校《旅游社交媒体营销》课程理论学习和企业实战任务,经考核合格,特发此证。

上海赛梦文化创意有限公司总经理：王启

上海旅游高等专科学校课程导师：刘堂

二〇二〇年十二月三十一日

证书编号

《旅游社交媒体营销》企业证书

兹证明

　　　　　　同学完成上海旅游高等专科学校《旅游社交媒体营销》课程理论学习和企业实战任务，经考核合格，特发此证。

安徽天柱山旅游发展有限公司产业导师：卢育平　　　　上海旅游高等专科学校课程导师：刘堂

二〇二〇年十二月三十一日

证书编号

参 考 文 献

［1］ 社交媒体十大品牌排行榜［EB/OL］.https://www.cnpp.cn/china/list_4509.html, 2020 − 05 − 06.

［2］ Maryam Mohsin. 10 Social Media Statistics You Need to Know in 2020 ［EB/OL］, 2020 − 2 − 07.

［3］ Erik Qualman. Digital Transformation Statistics 2019［EB/Ol］.https://socialnomics.net/2019/02/05/digital-transformation-statistics-for − 2019/, 2019 − 02 − 05.

［4］ Blue Fountain. 10 Advantages of Social Media Marketing for Your Business ［EB/OL］. https://www.bluefountainmedia.com/blog/advantages-of-social-media-marketing, 2019 − 06 − 05.

［5］ The trends to know in 2019 ［EB/OL］. https://www.globalwebindex.com/reports/trends-19, 2020 − 05 − 23.

［6］ Needham Mass. The New TripAdvisor Goes Social, Gets Personal［EB/Ol］. http://ir.tripadvisor.com/news-releases/news-release-details/new-tripadvisor-goes-social-gets-personal, 2018 − 09 − 17.